Inhalt

Zu dieser Mappe

Die vorliegenden Kopiervorlagen bieten sich für eine schnelle Unterrichtsvorbereitung an: Sie ermöglichen eine schnelle Auswahl der Lehrplanthemen und sind ohne lange Vorbereitungszeit einsetzbar. Zu jedem Themenaspekt gibt es eine **Einstiegsseite** und **drei Arbeitsblätter mit je einer Differenzierungsstufe**. Für eine **selbstständige Lösungskontrolle** durch die Schüler werden im hinteren Teil der Mappe alle Arbeitsblätter mit Lösungseinträgen bereitgestellt. Sie können die Schüler entweder selbst wählen lassen, welche Differenzierungsstufe sie bearbeiten möchten oder Sie geben je nach Leistungsstand individuell vor, welche Aufgaben gelöst werden sollen.

Einstiegsseite

Niveaustufe 1 (leicht)

Niveaustufe 2 (mittel)

Niveaustufe 3 (schwer)

Das Nomen – Einstieg

Nomen (auch Substantive oder Namenwörter genannt) sind eine Wortart und

- **werden immer großgeschrieben.**
- **bezeichnen Lebewesen und Dinge.**
- **benennen alles, was wir mit unseren Sinnen wahrnehmen können (riechen, schmecken, hören, fühlen und sehen).**
- **man erkennt sie an ihren Endungen: -heit, -keit, -ung, -nis, -schaft und -tum.**
- **man kann die meisten im Singular (Einzahl) und im Plural (Mehrzahl) verwenden.**

Vor jedes Nomen kann man einen Artikel setzen:

der, die, das … (bestimmter Artikel) – ein, eine, … (unbestimmter Artikel).

1 **Trage die fehlenden Nomen mit ihren Artikeln in die Tabelle ein.**

Singular (Einzahl)	**Plural (Mehrzahl)**
Beispiel: das Kind	***die Kinder***
die	Überraschungen
der	Futternäpfe
	Geburtstagstorten
Gast	
	Hamsterräder

2 **Trage drei weitere Nomen mit ihren Artikeln im Singular und Plural in die Tabelle ein.**

Singular (Einzahl)	**Plural (Mehrzahl)**

Das Nomen I

1 **Ergänze die Wörter, die durch den Schluckauf unverständlich waren. Benutze die Wörter im Käfig.**

Schluckauf

Die freundliche Sonne strahlte schon um sechs Uhr früh vom hellblauen Himmel. Es war ein ganz besonderer Tag. Es war Hannas 10. Geburtstag.

Am Abend rief Hannas Tante Ruth aus Hamburg an. Sie wollte ihr gratulieren und hören, was der Tag so alles gebracht hatte. Also erzählte Hanna aufgeregt und hatte dabei einen heftigen Schluckauf:

„Ich war heute Morgen schon ganz früh wach. Ich hatte mir ja zu meinem ______________ einen kleinen ______________ gewünscht. Als ich in die Küche kam, stand schon ein leckerer ______________ mit zehn Kerzen auf dem geschmückten ______________. Mama hatte auch einen schönen, bunten ______________ im Garten gepflückt und in meine selbstbemalte ______________ neben den Kuchen gestellt. Aber das Beste war die große ______________, die auch auf dem Tisch stand und mit einem Bettlaken abgedeckt war. Mama brachte mir eine ______________ mit heißem Kakao. Ich sollte dann mein Geschenk anschauen. Ich habe also ganz langsam das weiße ______________ beiseite gezogen. Und da saß tatsächlich ein kleiner, süßer Hamster in einem roten ______________. Im Käfig waren ein kleines ______________, ein runder ______________ und ein kleines ______________ zum Schlafen. Neben dem Käfig stand eine kleine Tüte mit ______________. Ich bin Mama um den Hals gefallen. Sie fragte, welchen ______________ der Hamster haben solle und ich habe ihn dann Max genannt. Ich wollte ihn mit in die ______________ nehmen, aber Mama war dagegen."

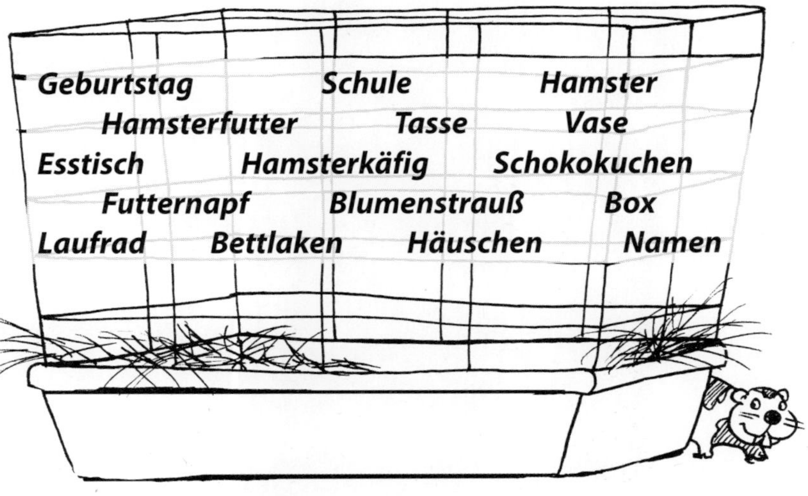

Das Nomen II

1 **Ergänze die Lücken!**

Nomen sind eine ____________.

Sie benennen alles, was wir mit unseren __________ wahrnehmen können.

- Das Wort „Luft" ist ein Nomen, weil wir die Luft __________ können.
- Das Wort „Donner" ist ein Nomen, weil wir den Donner _________ können.
- Das Wort „Tisch" ist ein Nomen, weil wir den Tisch _________ können.
- Das Wort „Gestank" ist ein Nomen, weil wir den Gestank ___________ können.
- Das Wort „Essen" ist auch ein Nomen, weil wir das Essen ________________ können.

Nomen haben außerdem **spezielle Endungen.** Mit diesen Endungen kann man aus anderen Wortarten, wie zum Beispiel aus Verben und Adjektiven, Nomen machen.

Vorsicht: Bei einigen Verben und Adjektiven muss etwas ergänzt oder weggelassen werden!

- sauber + ***keit*** = die Sauberkeit
- gesund + ***heit*** = die Gesundheit
- erkund*en* + ***ung*** = die Erkundung

2 **Finde nun die passenden Endungen und bilde ein Nomen.**

- erleben + _____ = __________________
- forschen + ______ = ____________________
- reich + ______ = ___________________

Das Nomen III

1 **Zu den folgenden Adjektiven und Verben gibt es ein passendes Nomen. Du kannst es mithilfe der Endungen selbst „bauen". Schreibe die Nomen. Ergänze auch den passenden bestimmten Artikel.**

a) beachten ____________________
b) regieren ____________________
c) neu ________________
d) faul ________________
e) sicher (2 Möglichkeiten) ______________
____
f) genau ____________________
g) fest ________________
h) traurig ____________________
i) schlau ____________________
j) erfahren ____________________
k) schnell ______________________
l) wagen ________________
m) berichtigen ____________________
n) benachrichtigen ____________________________
o) rechnen __________________
p) kündigen ____________________

2 **In diesem Text sind dem Autor einige Fehler unterlaufen. Alle Wörter außer den Satzanfängen sind klein geschrieben. Schreibe den Text richtig in dein Heft. Achte dabei auf die korrekte Groß- und Kleinschreibung!**
Die Maulwürfe und der Grashüpfer
Manfred Kyber (1880–1933)

Als der maulwurf peter plüsch, dessen leben darin bestand, unter der erde nach engerlingen und regenwürmern zu wühlen, eines tages seine rosa schnauze aus einem erdhaufen emporstreckte, sahen seine winzigen äuglein eine besonderheit: einen grashüpfer, der im grase saß und seinen abendtau trank. Peter plüsch besah sich das grüne wunder von allen seiten und sagte sich: „Das ist sicher eine köstlichkeit zum fressen, das muss ich meiner familie zeigen", und er wühlte sich eiligst zu einem seiner gänge und rief: „Kommt schnell, draußen sitzt ein grüner herr. Er sieht knusprig aus."

Peter plüsch, seine frau pauline plüsch und die drei kleinen plüschs wühlten aus leibeskräften. Zuerst tauchte peter plüsch aus dem erdboden auf, dann frau plüsch und nachher die drei kleinen plüschs.

„Los!", schrie peter plüsch und die plüschs fuhren alle zusammen auf den knusprigen grashüpfer los. Der aber sprang mit einem gewaltigen satz über die plüschs hinweg, sodass sie nichts mehr von ihm sahen, sondern mit den nasen zusammenstießen.

Peter plüsch war wütend und die kleinen plüschs fragten: „Papa, wo ist der grashüpfer geblieben?"

„Er ist in der erde verschwunden", schrie peter plüsch, „wo kann man denn sonst verschwinden, als in der erde. Also los, wühlen, wühlen, wir müssen ihn finden!"

Inzwischen war es nacht geworden und die plüschs wühlten immer noch; sie suchten nach dem verlorenen grashüpfer.

Die weise kröte sibylle warzenreich aber, die das ganze beobachtet hatte, rief: „Es gibt so viele, die in der erde wühlen nach dem, was über der erde ist. Das wühlen nützt gar nichts, herr plüsch! Es sind zwei reiche, eines in der erde und eines über der erde – und vielleicht sind es noch viel, viel mehr."

Und dann seufzte sie und sah nach oben. Die sterne gingen über ihr auf.

Quelle: http://gutenberg.spiegel.de/buch/balduin-brummsel-und-andere-tiergeschichten-5505/13 (leicht abgeändert), zuletzt aufgerufen am 08.08.2016

Zeitformen des Verbs – Einstieg

Das Verb (Tuwort) ist eine Wortart.
Es beschreibt Tätigkeiten, Vorgänge oder Zustände.

Beispiel: ***springen, kochen, regnen***

Je nach Person wechselt es seine Form (Konjugation):

1. Person Singular: ich geh**e**
2. Person Singular: du geh**st**
3. Person Singular: er/sie/es geh**t**

1. Person Plural: wir geh**en**
2. Person Plural: ihr geh**t**
3. Person Plural: sie geh**en**

Das Verb kann man in verschiedene Zeitformen setzen:

- **Präsens (Gegenwart)** ➡ **ich gehe**
- **Präteritum (Vergangenheit)** ➡ **ich ging**
- **Perfekt (vollendete Gegenwart)** ➡ **ich bin gegangen**
- **Plusquamperfekt (Vorvergangenheit)** ➡ **ich war gegangen**
- **Futur I (Zukunft)** ➡ **ich werde gehen**

1 **Konjugiere die Verben und trage sie in die Zeitentabelle ein.**

Person	Präsens	Präteritum	Perfekt	Plusquam-perfekt	Futur I
ich	*schreibe*	*schrieb*	*habe geschrieben*	*hatte geschrieben*	*werde schreiben*
ich		lief			
du			hast geschaut		
er/sie/es				hatte gelacht	
wir	lesen				
ihr					werdet sehen
sie		aßen			

Zeitformen des Verbs I

Die Grundform des Verbs nennt man auch den Infinitiv!

Beispiel: ***Ich gehe*** ➡ ***Infinitiv = gehen***

1 **Ergänze die Tabelle.**

Tätigkeit	Person	Zeitform	Infinitiv
du schriebst	*2. Person Singular*	*Präteritum*	*schreiben*
wir hatten getrunken			
sie werden fahren			
er isst			
ihr seid gewesen			

2 **Schreibe die Sätze in der vorgegebenen Zeitform.**

Beispiel: ***Präsens: Ich gehe in den Park.*** ➡ ***Präteritum: Ich ging in den Park.***

a) Präsens: Du sitzt im Kino.
Futur I: ______________________________

b) Perfekt: Du hast einen Brief geschrieben.
Präteritum: ______________________________

c) Plusquamperfekt: Er hatte Waffeln gegessen.
Perfekt: ______________________________

d) Futur I: Wir werden lange über diesen Witz lachen.
Plusquamperfekt: ______________________________

e) Präsens: Ich gehe morgen zu Valentino.
Futur I: ______________________________

Zeitformen des Verbs II

1 **Lest gemeinsam den Text zum Buddhismus.**
a) Sortiere die unterstrichenen Zeitformen der Verben in die Tabelle ein.
b) Notiere auch den passenden Infinitiv des Verbs.

Der Buddhismus

Der Buddhismus ist eine der großen Weltreligionen. Etwa 300 Millionen Menschen sind Buddhisten. Die meisten von ihnen leben in den asiatischen Ländern Thailand, China, Birma, Vietnam und Japan. Auch in Europa gibt es etwa eine Million Buddhisten.

Es gibt etwa 100.000 deutsche Buddhisten. Man hat in manchen deutschen Städten sogar buddhistische Tempel gebaut, zum Beispiel in Hamburg, München, Düsseldorf und Hannover. Ursprünglich kommt der Buddhismus aber aus Indien.

Siddharta Gautama hat ihn dort im Jahr 534 vor Christus gegründet.

Siddharta Gautama war der Sohn eines indischen Fürsten und lebte in einem Palast. Obwohl er alles hatte und sich um nichts Sorgen machen musste, war er nicht glücklich. Es heißt, dass er bei Ausflügen aus dem Palast einen alten Mann, einen Kranken, einen Toten und einen Bettler sah. Dieses Leid hatte ihn so berührt, dass er sein Leben ändern wollte. Deshalb ging er von zu Hause fort und dachte viel über das Leben nach.

Die Buddhisten glauben, dass Siddharta Gautama dabei die „Erleuchtung" gefunden hat. Das bedeutet, dass er beim Nachdenken irgendwann alle Dinge über sich und die Welt verstanden hatte. Seit seiner „Erleuchtung" trägt Gautama den Titel „Buddha". Das bedeutet: „der Erleuchtete". Nach seiner Erleuchtung lebte Buddha als Prediger und gründete eine Glaubensgemeinschaft. Buddha war also kein Gott, sondern ein Mensch, der den Buddhismus gegründet hat. (...)

Präsens	Präteritum	Perfekt	Plusquamperfekt

Zeitformen des Verbs III

1 **Lies den folgenden Text.**
a) Ergänze nun die fehlenden Zeitformen.
b) Fertige eine Zeiten-Tabelle auf einem Extrablatt an und trage die Formen dort ein.

(...) Buddhisten ____________ *(glauben, Präsens)*, dass alles in der Welt ein Kreislauf _____ *(sein, Präsens)* und die Menschen nach dem Tod immer wieder neu geboren werden. Sie ____________ *(kann, Präsens)* als Menschen, aber auch als Tiere oder Pflanzen wiedergeboren werden. Buddhisten ___________ *(wollen, Präsens)* aber nicht endlos wiedergeboren werden. Dazu _______________ *(benötigen, Präsens)* Buddhisten ein gutes Karma, welches sie durch vorbildliches Leben ____________ *(erhalten, Präsens)*. Zum Karma __________ *(gehören, Präsens)* all das, was ein Buddhist in seinem Leben tut und ________ *(tun, Perfekt)* hat. Wenn jemand bescheiden, gütig und einsichtig _______ *(sein, Präteritum)*, ________ *(haben, Präteritum)* er in seinem Leben ein gutes Karma. Dann ________ *(sein, Zukunft)* das nächste Leben besser als das letzte es ______ *(sein, Präteritum)*. Wenn Buddhisten sich aber schlecht _________________________ *(verhalten, Perfekt)*, riskieren sie ein schlechtes Karma. Dann könnten sie im nächsten Leben zum Beispiel nicht als Mensch, sondern als Tier wiedergeboren werden. Wer Buddhist werden möchte, muss sich frei dazu entscheiden. Der Buddhist ___________ *(glauben, Präsens)* an die sogenannten „drei Juwelen". Das erste „Juwel" _____ *(sein, Präsens)* Buddha. Das zweite _____ *(sein, Präsens)* das Dhamma. Das _______ *(sein, Präsens)* die Lehren von Buddha. Der dritte Teil _____ *(sein, Präsens)* das Sangha. Es ________ *(darstellen, Präsens)* die Gemeinschaft aller Buddhisten ______.

Wichtig _______ *(sein, Präsens)* für die Buddhisten ihre fünf Regeln. Buddhisten sollen nicht töten, nicht stehlen und nicht lügen. Außerdem sollen sie keinen Alkohol trinken oder Drogen nehmen. Wer all diese Regeln befolgt, ______ *(gelten, Präsens)* als guter Buddhist.

Und das ________ *(auswirken, Präsens)* sich dann wieder auf das Karma ______. Das Motto der Buddhisten __________ *(lauten, Präsens)* also einfach gesagt: ______ *(tun, Präsens)* Gutes, dann _____________ *(erreichen, Präsens)* du das Nirwana.

Beschreiben mit Adjektiven – Einstieg

Das Adjektiv (Wiewort) ist eine Wortart. Es beschreibt Personen und Dinge näher.

*Beispiel: Der Mann ist **groß** und **schlank**.*

Adjektive kann man steigern:

schnell	—	**schneller**	—	**am schnellsten**
↑		↑		↑
Positiv	—	Komparativ	—	Superlativ

Achtung: Es gibt auch Ausnahmen!

Beispiel: ***gut*** — ***besser*** — ***am besten***

1 **Markiere alle Adjektive.**

langweilig – spielen – und – fahren – Haus

grün – kochen – eckig – glatt

klug – spaßig – Kleider – größer

verrückt – Meer – Schrank – bunt – lachen

2 **Schreibe zu jedem Adjektiv einen Satz in dein Heft.**

Beschreiben mit Adjektiven I

Susan und Alina aus der 5g treffen sich nach der Schule zum Hausaufgabenmachen. Doch vorher muss Alina noch etwas besprechen.

Alina: „Hey, sag' mal, kennst du den neuen Jungen aus der 5a?"
Susan: „Weiß nicht, wie sieht er denn aus?"
Alina: „Na, der mit den blonden Locken und dem frechen Lächeln!"
Susan: „Meinst du diesen Thomas? Der hatte heute ein blaues Sweatshirt an."
Alina: „Nein, der nicht. Der, den ich meine, hatte eine rote Kapuzenjacke an."
Susan: „Ach, du meinst Andi? Der mit der gelben Baseballmütze?"
Alina: „Nein, der ist es auch nicht. Er ist nicht sehr groß, aber er hat eine sportliche Figur und er ist ein guter Fußballer."
Susan: „Ist der kleiner als Peter aus unserer Klasse? Der ist ja wirklich klein."
Alina: „Nein, etwas größer ist er schon. Ungefähr so groß wie Daniel. Aber ich glaube, er ist schon ein Jahr älter."
Susan: „Was findest du denn so toll an ihm?"
Alina: „Er hat so interessante Augen und ich mag sein rundes Gesicht."
Susan: „Aha, dann weiß ich es jetzt! Er heißt Jakob und hatte heute diese modernen, weißen Turnschuhe an."
Alina: „Genau, den meine ich, danke! So, jetzt lass uns aber endlich anfangen …"

1 **Wie hat Alina es geschafft, Susan zu erklären, welchen Jungen sie meint?**

2 **a) Benenne die Wörter, die bei Beschreibungen helfen können.**
b) Schreibe diese Wörter in die linke Spalte der Tabelle.

[a)] ______________	Positiv	Komparativ	Superlativ
		größer	
kleiner	klein	kleiner	am kleinsten
		älter	

3 **Ergänze nun die Tabelle.**

Beschreiben mit Adjektiven II

1 **Beschreibe eines der beiden Kinder.**
Benutze dazu möglichst viele treffende Adjektive.

2 **Wähle nun ein Kind aus deiner Klasse und beschreibe es so gut, dass deine Mitschüler später erraten können, welches Kind du beschrieben hast.**
Verwende möglichst viele, passende Adjektive.
Benutze auch Steigerungsformen der Adjektive.

Beschreiben mit Adjektiven III

1 **Ergänze die Lücken mit passenden Adjektiven.**

Das Geräusch im Keller

Endlich war es soweit – Tim durfte einen Abend alleine zuhause bleiben. Die Abende, die er mit seinen Eltern beim ____________________ Kegeln verbringen musste, waren nun vorbei. Tim fühlte sich erwachsen und ________. Er holte sich eine ____________ Tüte Chips und eine _________ Flasche Limonade aus dem Kühlschrank. Danach legte er sich auf das _________________ Sofa. Tim schaltete den Fernseher ein und blieb bei einem ___________________ Krimi hängen. Solche Filme durfte er sonst nie schauen.
Im Film fanden die Ermittler gerade eine Leiche, die der Mörder im Keller eines ____________ Mehrfamilienhauses versteckt hatte. Tim bekam ________________ Angst und wollte den Fernseher gerade abschalten, als er plötzlich …

2 **Schreibe die Geschichte mit vielen passenden Adjektiven weiter.**

… ____

____

____

____

____

____

____

____

____

____

____

Informationen zu Personen – Einstieg

Informationen zu Personen findet man häufig in Steckbriefen. In diesen werden alle wichtigen Informationen über eine Person gesammelt und dargestellt.

Der folgende Aufbau hilft dir bei dem Erstellen eines Steckbriefes:

1. Angaben zur Person
- Vor- und Nachname der Person
- Geburtsdatum und Alter
- Wohnort

2. Äußere Merkmale der Person
- Körpergröße und Gewicht
- Haar- und Augenfarbe
- Sonstige Besonderheiten, wie z. B. Brille, Bart, Sommersprossen …

3. Nähere Beschreibung der Person
- Kleidung
- Hobbys
- Dinge oder Tätigkeiten, die die Person gerne mag, wie z. B. Lieblingsessen, Lieblingstier …
- Tätigkeit/Beruf der Person, wie z. B. Schüler, Rentner, Hausfrau, Arzt …

Achte bei deinem Steckbrief darauf, dass du die Person so genau wie möglich beschreibst. Steckbriefe dienen nämlich auch der Vermissten- oder Tätersuche!

Es gibt zwei Möglichkeiten einen Steckbrief zu schreiben: Du kannst ihn als Tabelle oder in Textform verfassen.

1 **Suche dir geheim eine/n deiner Mitschüler/innen aus. Es darf keiner wissen, wen du gewählt hast! Schreibe nun einen Steckbrief über diese Person in Tabellenform. Gehe dabei auf möglichst viele der oben genannten Punkte ein.**
Teilt nun die Klasse in zwei Gruppen ein. Abwechselnd liest jede Gruppe einen Steckbrief vor. Nur der Name darf nicht vorgelesen werden. Die andere Gruppe muss erraten, welches Kind aus der Klasse in dem Steckbrief beschrieben wird. Ist die Antwort korrekt, erhält die Gruppe einen Punkt.

GESUCHT

Vorname: ______________________________

Nachname: ______________________________

Geburtsdatum: ______________________________

Alter: ______________________________

Informationen zu Personen I

Hast du schon einmal einen Western geschaut? Mit Cowboys und Indianern?
Erzählt euch in der Klasse kurz davon.
Weiß vielleicht auch einer, wie der Sheriff damals die Gangster gesucht hat?

Genau, er hat ____________________ geschrieben und überall aufgehängt!
Hier sind zwei solcher Steckbriefe, allerdings sind die Informationen nur noch schwer zu erkennen und außerdem ist einiges durcheinandergeraten.

1 **Versucht gemeinsam die Steckbriefe zu vervollständigen.**
Schaut euch die Bilder genau an.
Ordnet die Informationen im Kasten unten richtig zu.

Gesucht

________________________ kommt aus

______________________________.

Er ist _____________________ groß, hat

________________________________ und

einen _______________________.

Er hat ________________________________,

____

und eine _______________________.

Er trägt einen _________________________,

einen _______________________________

und ________________________.

Am Gürtel hat er

____

und kann _______

____

werfen.

Gesucht

________________________ kommt aus

______________________________.

Er ist ___________________ groß, hat

________________________________ und

eine __________________________________.

Er hat __________________________.

Er trägt eine _____________________

_________________________________,

_____________________________ und einen

____

_____________________.

Er hat _________________

____

und ist _________________

____

_______________________.

Messer Joe / graue, lange Haare / edler schwarzer Cowboyhut / Texas / Ohrring / 1,50 m / langer Bart / kurze, schwarze Haare / O-Beine / spitzes Kinn / Oklahoma / lange Nase / buschige Augenbrauen / brauner Poncho / helle Jacke mit Silberknöpfen / zwei Pistolen am Gürtel / bunter Mexiko-Hut / fünf Messer / Pistolen-Pete / bester Schütze im Wilden Westen / kann drei Klingen gleichzeitig werfen / 1,95 m / Knollnase / spitze Stiefel

Informationen zu Personen II

1 **Markiere die Informationen, die du für einen Steckbrief benötigst.**

schöne Haare

braune Augen

wohnt heute in Offenbach

wohnte früher in Frankfurt

geht morgen ins Kino

wurde am 23.06.2006 geboren

wog bei seiner Geburt 3 000 g

hat eine Zahnlücke

wiegt 31 kg

heißt Anton

wurde in Gießen geboren

2 **Schreibe mit den oben genannten Informationen einen Steckbrief. Die fehlenden Angaben musst du dir selbst ausdenken.**

STECKBRIEF

Vorname: ______________________

Nachname: ______________________

Geburtsdatum: ______________________

Geburtsort: ______________________

Alter: ______________________

Wohnort: ______________________

Körpergröße: ______________________

Gewicht: ______________________

Haarfarbe: ______________________

Augenfarbe: ______________________

Besonderheiten: ______________________

Hobbys: ______________________

Informationen zu Personen III

1 **Suche dir eine prominente Person aus, zu der du einen Steckbrief in Textform schreibst. Wenn du fertig bist, male auch ein Bild dazu und verziere dein Blatt.**

GESUCHT

Richtig schreiben/Wortstammendungen mit p/b, d/t, g/k – Einstieg

Bei manchen Wörtern weiß man nicht genau, ob sie mit p oder b, d oder t oder mit g oder k geschrieben werden. Hier lernst du einige Tipps kennen, wie du die richtige Schreibweise herausfinden kannst.

<u>Für Nomen</u>: *Beispiel:* ***Der <u>Dieb</u> war schnell.***

Um zu prüfen, ob der „Dieb" mit einem b oder einem p am Ende geschrieben wird, kannst du die Pluralform des Nomens bilden.

der Die**b**	–	die Die**b**e
↑		↑
Singular	–	Plural

<u>Für Verben</u>: *Beispiel:* ***Der Hund <u>tobt</u> im Garten.***

Um zu prüfen, ob „tobt" mit einem b oder einem p geschrieben wird, kannst du das Verb in den Infinitiv setzen.

to**b**t	–	to**b**en
↑		↑
3. Person Singular	–	Infinitiv (Grundform)

1 **Entscheide, wie die folgenden Wörter geschrieben werden und setze den fehlenden Buchstaben ein.**

p/b	d/t	g/k
Lu___e	Hu___	Ber___
lie___st	Kin___	Spu___
Sie___	Mun___	Zwer___
lo___t	Aben___	Bur___

Richtig schreiben/Wortstammendungen mit p/b, d/t, g/k I

Damit hatte sicher jeder schon einmal Probleme:
Heißt es nun „hept auf" oder „hebt auf", „fant" oder „fand", „lank" oder „lang"?

1 Überprüft zunächst euer Wissen. Tragt die Lösungen gemeinsam ein.

a) den Unterschied fes___stellen

b) Mitlei___ erregen

c) sei___ gestern hier sein

d) anstrengen___ sein

e) in den Clu___ gehen

f) nicht erlau___t sein

g) die Hau___tstadt suchen

h) das Flu___modell einfliegen

i) Wer___zeu___ benutzen

2 Lest die Wörter laut vor. Was fällt euch auf? Weshalb gibt es Probleme?

a) das Mikroskop, das Lob, das Sieb, der Typ, der Wettbewerb
b) kalt, der Wald, das Geld, das Feld, die Fahrt
c) der Berg, das Werk, der Vermerk, der Zwerg

____

____

____

3 Lest nun die nächsten Beispiele. Warum ist es nun einfacher?

a) die Mikroskope, die Lobe, die Siebe, die Typen, die Wettbewerbe
b) kälter, die Wälder, die Gelder, die Felder, die Fahrten
c) die Berge, die Werke, die Vermerke, die Zwerge

____

____

____

4 Formuliert gemeinsam eine Regel.

____

____

____

Richtig schreiben/Wortstammendungen mit p/b, d/t, g/k II

1 **Lies die kurze Geschichte und ergänze die fehlenden Buchstaben. Mache die Verlängerungsprobe, wenn du unsicher bist.**

„Gi___t es heute Puddin___ zum Nachtisch?", fra___te Tina aus dem Esszimmer.

Sie wusste genau, dass sich ihre Mutter darüber aufre___t, denn Tina wollte immer Puddin___ zum Nachtisch. Also rief ihre Mutter aus der Küche: „Mensch Tina, ich habe doch einen Kuchen gebacken. Das reicht doch, oder?" Tina überle___te.

„Na gut, aber dann möchte ich ein Stück mit in mein Zimmer nehmen! Ich muss noch Hausaufgaben machen." Ihre Mutter brachte ihr ein Stück Schokokuchen auf einem kleinen Teller. „Und wenn du damit ferti___ bist, räumst du dein Zimmer auf. Alle Regale sind verstau___t. Und wenn du schon dabei bist, he___st du auch bitte deine ganzen Kleider vom Boden auf. Und sortier mal die alten Sachen aus. Die können in der Altkleidersammlun___ entsor___t werden. Aber nicht das rote Klei___. Das will ich Tante Rose geben. Das passt der Katie jetzt sicher." Tina schluckte. Und das alles nur, weil es heute keinen Puddin___ zum Nachtisch gab.

2 **Schreibe nun alle Wörter aus der Geschichte mit ihren Verlängerungsformen oder in ihrer Grundform auf.**

	Wort	Verlängerung/Grundform
p		
b		
g		
k		
t		
d		

Richtig schreiben/Wortstammendungen mit p/b, d/t, g/k III

1 **Hier hat sich der Fehlerteufel eingeschlichen. Markiere alle fehlerhaften Wörter und schreibe sie anschließend richtig auf die Teufelsliste.**

Ein Teufelswerg

Eines Abents saß Tim noch spät an seinen Hausaufgaben. Eigendlich hatte er keine Lust unt schaltete sich laud seinen MP3-Player an. Die Musig und der Gesank versetzten ihn in eine andere Weld. Er träumte vor sich hin. Diese Gelegenheid nutzte der Fehlerteufel und sprank unentdeckt auf seinen Schreiptisch. Freudik verteilte er einige Fehler in Tims Aufsatz. Der Fehlerteufel vertauschte nur die Buchstaben p, b, d, t, g unt k.

Nach der erledikten Arbeid verschwant der Teufel unbemergt aus dem Zimmer. Tim schriep seinen Aufsatz mittlerweile mit viel Spannunk und Freude. Durch die Musik bemergte Tim den Fehlerteufel nicht.

Am nächsten Morgen gink Tim in die Schule. Er freute sich, dem Lehrer seinen Aufsatz zu geben. Bei der Rückgabe am Tak darauf sah er das Teufelswerg und wurde ganz rod vor Scham. Tim überlegte, wie es dazu kommen konnte, dass er den Teufel nicht bemergt hatte. Er entschuldikte sich für seinen Aufsatz und gelopte mehr Konzentration bei seinen Hausaufgaben.

Die Teufelsliste:

Zeichensetzung in der wörtlichen Rede – Einstieg

Zeichensetzung ist wichtig, um zu verstehen, was der andere sagt oder ausdrücken möchte. Außerdem ist sie wichtig, um unsere Sprache zu gliedern.

Beispiel: ***Peter ruft: „Komm, wir essen, Opa!"***

Peter ruft: „Komm, wir essen Opa!"

Beim ersten Satz wird der Opa zum Essen gerufen, während beim zweiten Satz dazu aufgefordert wird, den Opa zu essen.

Es gibt folgende Satzzeichen:

- Punkt (.) ➡ beendet einen Aussagesatz.
- Doppelpunkt (:) ➡ leitet z. B. den Beginn einer wörtlichen Rede ein.
- Komma (,) ➡ grenzt Satzteile voneinander ab.
- Anführungszeichen („ ") ➡ markiert den Beginn und das Ende der wörtlichen Rede.
- Ausrufezeichen (!) ➡ beendet einen Ausrufe- oder Befehlssatz.
- Fragezeichen (?) ➡ beendet einen Fragesatz.

Ohne Satzzeichen kämen wir ziemlich schnell durcheinander.

1 **Markiere die Satzenden mit einem Punkt, einem Frage- oder einem Ausrufezeichen und schreibe die Satzart auf die Linie.**

Beispiel: ***Lisa geht langsam über die Straße.*** **Satzart:** *Aussagesatz*

a) Der Hund läuft schnell über die Straße__ **Satzart:** ____________________

b) Gehen wir heute schwimmen __ **Satzart:** ____________________

c) Warte auf mich__ **Satzart:** ____________________

d) Wollen wir heute einkaufen gehen__ **Satzart:** ____________________

e) Bring mir Suppe__ **Satzart:** ____________________

f) Möchtest du den Kuchen essen__ **Satzart:** ____________________

g) Wir fahren heute in die Stadt__ **Satzart:** ____________________

h) Male das Bild aus__ **Satzart:** ____________________

Zeichensetzung in der wörtlichen Rede I

1 **Der folgende Abschnitt besteht aus mehreren Sätzen mit wörtlicher Rede. Trenne die Sätze mit einem Trennstrich (/) voneinander ab und unterstreiche die wörtliche Rede. Schreibe nun die Sätze auf die Linien.**

Beispiel: ***Tim und Tina verabreden sich im Schwimmbad Tina ruft: „Komm, lass uns ins Wasser gehen!"***

Lösung: ***Tim und Tina verabreden sich im Schwimmbad / Tina ruft: „Komm, lass uns ins Wasser gehen!"***

Der Schwimmbadbesuch

Tim und Tina verabreden sich im Schwimmbad Tina ruft: „Komm, lass uns ins Wasser gehen!" „Warte auf mich!", antwortet Tim gemeinsam springen sie ins Wasser Tina fragt: „Wollen wir rutschen?" „Gerne", sagt Tim und zusammen klettern sie aus dem Wasser heraus nach einer Weile sind sie endlich an der Reihe und schlittern jubelnd die Rutsche hinunter.

Zeichensetzung in der wörtlichen Rede II

1 **Lest den Anfang der Geschichte unten gemeinsam.**

a) Welche Satzzeichen kennzeichnen die wörtliche Rede?

b) Im weiteren Text fehlen die Satzzeichen, die anzeigen, wann jemand spricht. Kannst du die Stellen finden? Unterstreiche sie zunächst im Text.

c) Ergänze die fehlenden Satzzeichen für die wörtliche Rede im Text.

Zwischen den Dörfchen Bregenbrett und Drögenbröt findet jedes Jahr ein Schimpfwortwettbewerb statt. Und der verläuft so:

Der Schimpfwortwettbewerb[1]
Axel Baumgart

(…) Um ganz genau 12 Uhr, 13 Minuten und 14 Sekunden mittags (so war es Tradition) sagte Bernd Brötelbuck: ***„Achtung – Schimpft – Los!"***

Sofort kam von der Drögenbröter Seite: ***„Du Wackel-Dackel-Zappel-Pappel!"***

Alle Drögenbröter riefen: ***„Hey, hey, hey, hey …",*** worauf Bregenbrett sofort mit ***„buuuuhhhh, buuuuhhhh …"*** antwortete.

Jetzt war Bregenbrett an der Reihe. Gar nicht so einfach.

Da sagte Nicolaus Neunmalklug, der Lehrer: Misch-Masch-mixender-Mops-melkender-Maulheld!

Diesmal riefen die Bregenbretter begeistert: Hey, hey, hey, hey …

Und Drögenbröt buhte: Buuuuhhhh, buuuuhhhh …

So ging das mit den Schimpfworten hin und her:

Drögenbröt Blau-Bier-blubbernder-bärgesichtiger-Barfuß-Balletttänzer!

Bregenbrett Zitronen-zischender-Zwetschgen-zwirbelnder-Ziehharmonika-ziehender Zupfdudel!

Drögenbröt Gurgel-Grund-Sprudel-Huber-Super-Nudel-Puper!

Bregenbrett Kuchen-kauende-Kamel-Kröte!

[1] Vollständige Geschichte ist zu finden unter http://www.axel-baumgart.de

Zeichensetzung in der wörtlichen Rede III

Die zwei Dörfer Bregenbrett und Drögenbröt machen einen Schimpfwortwettbewerb. Die Dorfbewohner beschimpfen sich abwechselnd.

1 **Lies dir nun den folgenden Teil der Geschichte durch.**
Hier fehlen die Satzzeichen für die wörtliche Rede.
Ergänze sie im Text mit einer leuchtenden Farbe.

Der Schimpfwortwettbewerb[1]
Axel Baumgart

(...) Jetzt waren die Schimpfworte nicht mehr so gut, und es dauerte auch länger, bis neue kamen. Daran konnte man erkennen, dass der Wettstreit bald zu Ende sein würde. Und tatsächlich, da rief Bernd Brötelbuck: „Hier kommt das Urteil.“ Und es wurde ganz still auf dem Dorfplatz. „Das Urteil lautet: Unentschieden!“

Das hatte es noch nie gegeben. Und das ging ja auch gar nicht. Einer musste schließlich zum Essen einladen und einer musste Schimpfwortmeister sein. Alle waren ratlos.

Da gingen die beiden Bürgermeister – man konnte sie leicht an ihren langen weißen Bärten und ihren vielen polierten Orden erkennen – langsam aufeinander zu und trafen sich in der Mitte des Dorfplatzes. (...)

Nach einer schier unendlich langen Zeit riefen sie den Schiedsrichter zu sich, um ihm ihre Entscheidung mitzuteilen. Bernd Brötelbuck hörte geduldig zu und nickte dann. Er verkündete mit lauter Stimme: „Geschätzte Schimpfwortwettkämpfer, im Augenblick herrscht unentschieden. Aber es soll heute noch einen neuen Schimpfwortmeister geben. Alle Erwachsenen sind aber erschöpft und haben keine neuen Schimpfwort-Ideen mehr. Deshalb wird ein Kind aus jedem Dorf den Wettkampf fortsetzen.“ Ein „Oh!“ und „Ah!“ ging über den Dorfplatz und Legau war ganz aufgeregt. In Bregenbrett gab es ja nur vier Kinder. Und wenn man jetzt ausgerechnet ihn ausgewählt hatte? „Für Drögenbröt“, fuhr Bernd Brötelbuck fort, „wird der Maulwurf-jagende, Sand-matschende Matthias antreten.“ Von ganz hinten hörte man ein „Juchhu!“

„... und für Bregenbrett tritt an der Apfelsaft-schlabbernde, Gummibärchen-in-Katzenfellklebende Legau!“ Alle jubelten, nur Legau sagte: „Uff!“

Matthias aus Drögenbröt fing an:

„Du fuchs-gedackelte-Windhund-Schnepfe!“ – Drögenbröt jubelte laut. Nun war Legau dran. Er war so nervös und es wurde immer schlimmer. Er brauchte etwas ganz, ganz Langes, damit Bregenbrett gewinnen konnte. „Legau, du bist dran“, sagte der Bürgermeister.

„Du ... du ...“, Legau fing vor Aufregung an zu schwitzen, „... du PUPS!“

Stille. Keiner jubelte. Das war ja nun auch ganz bestimmt kein langes Schimpfwort. Aber noch bevor Bernd Brötelbuck den Endstand verkünden konnte, sagte Legau schnell: „Du langer, stundenlanger Dauerpups, der auch morgen noch stinkt!“

Alle schauten nun Bernd Brötelbuck an. Der überlegte eine ganze Weile, schaute zu Drögenbröt, überlegte weiter, schaute zu Bregenbrett, überlegte noch einmal und alle warteten voller Spannung auf seine Entscheidung. Es war kein Mucks zu hören, außer dem Ticken der Kirchturmuhr. Dann sagte er:

„Liebe Schimpfwortwettkämpfer, ein ehrenvoller, harter und fairer Wettkampf liegt hinter euch. Jeder war es würdig, sein Dorf in diesem Wettkampf zu vertreten. Aber nur einer kann gewinnen, und der Verlierer muss sich im nächsten Jahr etwas mehr anstrengen. Dieses Jahr hatte das längste Schimpfwort, das auch morgen noch stinkt, und ist damit Schimpfwort meister: Bregenbrett!“ (...)

2 **Überprüfe und besprich die Ergebnisse mit deinem Nachbarn.**

[1] Vollständige Geschichte ist zu finden unter http://www.axel-baumgart.de

Richtig schreiben: /ck/ – Einstieg

Im Deutschen haben wir Wörter, die mit „ck" geschrieben werden, obwohl wir nur ein „k" hören. Oft hilft es schon, jede Silbe des Wortes deutlich auszusprechen, also zu schwingen.

Beispiel: ***Brü - cke***

Es hört sich zwar wie Brü – ke an, wird aber – wegen des kurzen Umlauts (ü) – mit „ck" geschrieben ➡ Brücke.

Wenn wir das Wort schreiben, trennen wir das „ck" in der Regel nicht!

Tipp: Nach einem kurzen Vokal (a, e, i, o, u) oder Umlaut (ä, ü, ö) schreibst du das Wort mit „ck", nach einem langen Vokal nur mit einem „k".

Du kannst die Wörter auch in die Pluralform setzen oder die Verben und Adjektive verlängern, um die Endungen besser herauszuhören.

Beispiel: ***der Blick – die Blicke*** *oder* ***dick – dicke***

1 **Schwinge folgende Wörter (siehe Beispiel im Kasten) und zeichne die Schwingbögen darunter.**

a) S o c k e

b) S t r e c k e

c) b a c k e n

d) l e c k e r

e) W e c k e r

f) S c h n e c k e

g) s c h m ü c k e n

h) t r o c k e n

i) w a c k e l n

j) D e c k e

k) G u r k e

l) L u k e

Richtig schreiben: /ck/ I

1 **Vervollständige die Wörter und entscheide, ob du sie mit „ck“ oder „k“ schreiben musst.**

*Beispiel: **Blick, weil der Vokal kurz gesprochen wird.***

a) D r e i e ____________________

b) s t a r ____________________

c) G e s c h m a ____________________

d) R u ____ s a ____________________

e) L a ____________________

f) B a n ____________________

g) S t r e i ____________________

2 **Such dir einige der oben stehenden Wörter aus und bilde fünf Sätze. Schreibe sie hier auf.**

____

____

____

____

____

____

____

____

Richtig schreiben: /ck/ II

1 **Löst gemeinsam das Kreuzworträtsel und findet das Lösungswort für die Schreibregel.**

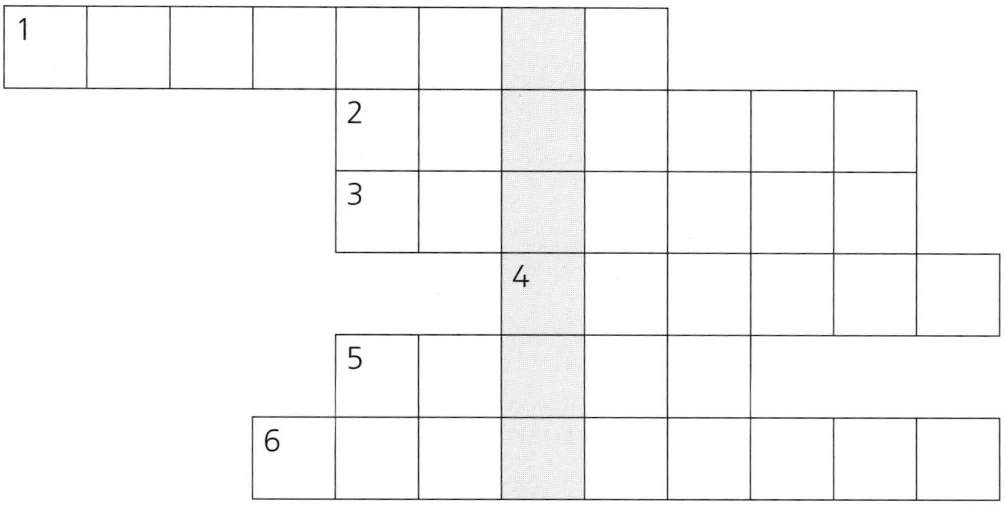

Waagerecht:

1 Sie ist sehr langsam, manche haben ein Haus und sie kriecht.
2 Man sollte seinen Kaugummi nicht einfach auf den Boden …
3 Von München nach Hamburg ist es eine weite …
4 Er ist weiß oder braun und man kann Speisen damit süßen.
5 Mäuse essen ihn gerne, aber es ist kein Käse. Schmeckt auch gut zu Eiern.
6 Mit unserer Zunge können wir z. B. süß, sauer, salzig und bitter …

Senkrecht:

Nach ______________________ Vokal schreibt man „ck“.

Lösung: ______________________________

2 **Setzt nun die Wörter richtig in die Geschichte ein.**

Von den Schnecken

____________ sind, wie ihr wisst, sehr gemütliche Tiere. Sie brauchen selbst für eine ______ ________ eine lange Zeit. Für gewöhnlich essen sie vegetarisch, also Salat und anderes Grünzeug. Sie halten sich daher häufig in Gemüsebeeten auf, weil ihnen die verschiedenen Gemüsesorten so gut ____________. Es gibt da allerdings einen Trick, wenn man selber auch noch etwas von seinem Salat haben möchte. Man stellt einfach ein Glas mit ________wasser in die Beete. Schnecken sind nämlich auch ganz süße Schleckermäuler. Übrigens, _______ ist nur etwas für Mäuse, den ________ die Schnecken aus.

Richtig schreiben: /ck/ III

1 **Finde passende Reimwörter und schreibe sie richtig auf.**

Schnecke ______________________________

spucken ______________________________

Strecke ______________________________

Zucker ______________________________

Speck ______________________________

schmecken ______________________________

2 **Kennst du noch weitere Wörter mit „ck“? Notiere sie.**

____

____

____

____

____

3 **Was ist richtig: „ck“ oder „k“?**

a) He____e
b) Dre____
c) Sa____
d) Ha____en
e) Lo____en
f) La____en
g) We____er
h) Beste____

i) le____er
j) sich rä____eln
k) E____el
l) Bä____er
m) sich e____eln
n) schme____en
o) ne____en
p) Ste____brief

Richtig schreiben: /tz/ – Einstieg

Im Deutschen haben wir Wörter, die mit „tz“ geschrieben werden, obwohl wir nur ein „z“ hören. Oft hilft es schon, jede Silbe des Wortes deutlich auszusprechen, also zu schwingen.

Beispiel: ***Tat* - *ze***

Tipp: Nach einem kurzen Vokal (a, e, i, o, u) oder Umlaut (ä, ü, ö) schreibst du das Wort mit „tz“, nach einem langen Vokal nur mit einem „z“.

1 **Schwinge folgende Wörter (siehe Beispiel im Kasten) und zeichne die Schwingbögen darunter.**

a) S p r i t z e

b) P f ü t z e

c) p u t z e n

d) L a n z e

e) G l a t z e

f) p e t z e n

g) K e r z e

h) K a t z e

i) W i t z e

j) S ä t z e

k) H i t z e

l) s c h w i t z e n

Richtig schreiben: /tz/ I

1 **Finde alle Wörter mit „tz“ und male sie farbig an.**

A	F	R	A	T	Z	E	G	S	T
U	I	T	W	H	A	S	T	I	G
F	W	O	N	P	X	C	A	Q	U
S	I	T	Z	K	F	H	T	K	R
A	T	D	G	C	B	M	Z	N	Q
T	Z	W	D	G	B	U	E	M	Y
Z	I	C	K	I	G	T	F	P	S
X	C	V	B	N	M	Z	E	W	F
G	H	J	L	J	T	I	B	E	X
S	C	H	A	T	Z	G	T	Z	P

2 **Schreibe die Wörter auf und bilde Sätze.**

Richtig schreiben: /tz/ II

Da denkt man nun, man kann endlich richtig schreiben und dann kommt da schon wieder ein neues Problem! Oder ist das für euch vielleicht gar kein Problem?
Wir werden sehen …

1 **Löst gemeinsam das Kreuzworträtsel und findet das Lösungswort für die Schreibregel.**

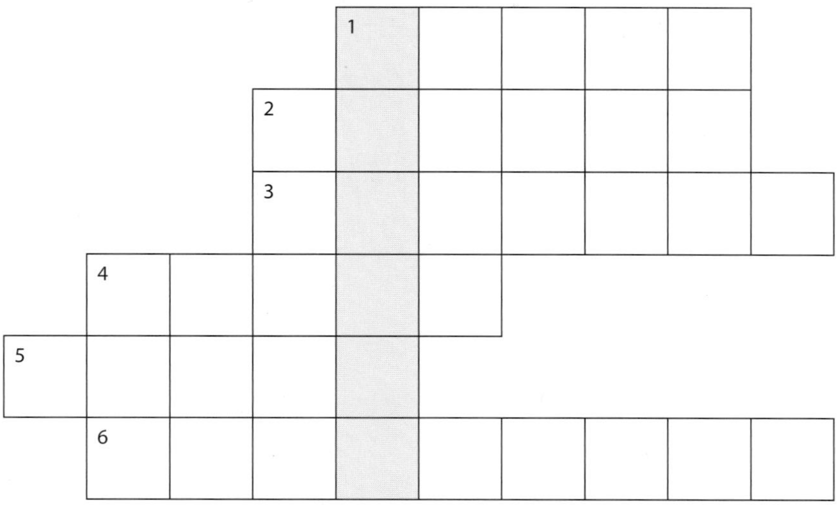

ü = ue

Waagerecht:

1 Sie hat vier Pfoten und schnurrt.
2 Man trägt es im Winter auf dem Kopf.
3 Katzen machen das mit ihren Krallen an Bäumen.
4 Ein anderes Wort für Pfote (etwas größer).
5 Im Sommer, wenn es sehr heiß ist, ist sie sehr groß.
6 Wenn es gut schmeckt und man den Mund beim Essen nicht schließt (sehr unhöflich).

Senkrecht:

1 Nach ______________________ Vokal steht immer „tz".

Lösung: ____

2 **Setzt nun die Wörter von oben richtig in die Geschichte ein. Achtung! Ein Wort kommt hier gleich zweimal vor.**

Die kleine Nelly

Nelly schläft mit Vorliebe auf dem Sofa in der Sonne. Nelly ist nämlich eine ________.

Während sie so in der Sonne liegt, ________ sie sich gründlich, schleckt das Fell und die ________. Wenn es ihr in der Sonnen________ doch zu warm wird, wechselt sie zu ihrem ________baum, an dem sie genüsslich mit ihren Krallen ________ kann. Natürlich schläft und ________ sich Nelly nicht nur. Sie spielt auch mit großer Begeisterung mit der alten Woll________ ihrer „Mitbewohnerin". Die herausgezogenen Fäden sind so lustig. Ihre „Mitbewohnerin" füttert sie außerdem morgens und abends. Dass es Nelly schmeckt, hört man an ihrem lauten ____________.

Richtig schreiben: /tz/ III

1 Finde passende Reimwörter und schreibe sie richtig auf.

Katze ____________________

Mütze ____________________

kratzen ____________________

Tatze ____________________

Hitze ____________________

schmatzen ____________________

2 Kennst du noch weitere Wörter mit „tz"? Notiere sie.

____

____

____

____

____

____

3 Was ist richtig: „tz" oder „z"?

a) Wu___

b) kur___

c) Schmu___

d) pu___en

e) Wi___

f) Hol___

g) Si___

h) stol___

i) Wan___e

j) tan___en

k) Ran___en

l) faulen___en

m) spri___en

n) Ri___e

o) pur___eln

Märchen – Einstieg

!

Märchen sind frei erfundene Erzählungen, die bestimmte Merkmale aufweisen.

Es gibt:

- **verschiedene Personen, wie beispielsweise den Prinzen, den König, die Prinzessin, das arme Mädchen …**
- **einen typischen Märchenanfang „Es war einmal …" und ein typisches Märchenende „Und wenn sie nicht gestorben sind, dann leben sie noch heute".**
- **eine Heldin / einen Helden, die / der eine Aufgabe oder ein Problem zu lösen hat.**
- **einen Bösewicht (Hexe, böser König, böse Stiefmutter), der die guten Personen gefährden oder gar töten möchte.**
- **Dinge oder Tiere, die sprechen können.**
- **typische Märchenzahlen (3 kleine Schweinchen, 7 Zwerge, 13 als Unglückszahl …).**
- **menschliche Eigenschaften, die Gegensätze darstellen (armes Mädchen – reicher Prinz, gute Zwerge – böse Stiefmutter).**

1 **Finde die Namen der Märchen, indem du verbindest. Kennst du die Märchen? Erzählt sie euch in der Klasse.**

Schneewittchen

Brüderchen

Tischlein

Das tapfere

Hänsel

Hans im

Die drei kleinen

deck dich

Glück

und Gretel

Schweinchen

und die sieben Zwerge

und Schwesterchen

Schneiderlein

Märchen I

1 **Finde alle Figuren und Gegenstände, die im Märchen vorkommen können.**

K	Ö	N	I	G	U	D	K	K	H
W	S	Z	A	G	H	J	L	U	E
Z	A	U	B	E	R	E	R	G	X
H	S	P	I	E	G	E	L	E	E
P	R	N	H	S	D	G	Z	L	O
R	S	F	R	O	S	C	H	J	Z
I	F	B	T	S	X	N	M	L	W
N	D	Z	W	E	R	G	O	K	O
Z	Y	H	K	I	H	W	X	C	L
E	G	E	I	ß	L	E	I	N	F

2 **Schreibe die Wörter auf. Suche dir fünf dieser Wörter aus und bilde drei Sätze.**

____

____

____

____

3 **Sieh dir die Eigenschaften an und bilde Gegensätze.**

Beispiel: ***groß – klein***

a) alt – ______________ **b) arm –** ______________ **c) klug –** ______________

d) hübsch – ______________ **e) gut –** ______________ **f) faul –** ______________

Märchen II

„Ups, da ist etwas durcheinander geraten. Schneide alle Abschnitte aus und klebe das Märchen in der richtigen Reihenfolge in dein Heft."

Der süße Brei

Das Mädchen war schon den ganzen Tag umher gelaufen und hatte nur ein halbes Körbchen voll Beeren gefunden. Die Dämmerung trat schon bald ein und es würde heimgehen und der Mutter nicht mehr bringen, als was es hatte sammeln können. Es wurde ganz traurig, wenn es schon an die Mutter dachte.

„Mein Kind," sagte die Alte, „sprich zu dem Töpfchen ‚Töpfchen, koche!'. Und wenn es aufhören soll, sprich zu ihm ‚Töpfchen, steh!'. Dann wirst du und deine Mutter ausgesorgt haben.". – Das Mädchen nahm den Topf, stellte das Körbchen hinein, bedankte sich artig und konnte ihr Glück nicht fassen. So dankbar war es für die Hilfe, die ihm so ohne Falschheit zugekommen war. Es eilte nach Hause zur Mutter und reichte ihr die Gaben. Immer wenn sie Hunger hatten, sprach das Mädchen „Töpfchen, koche!" und wenn genug da war, sprach es „Töpfchen, steh!". Sie hatten keine Sorge mehr, konnten alle Nachbarn einladen und niemand in dem Dorfe musste mehr des Hungers leiden.

Es war einmal ein herzensgutes Mädchen, das wohnte mit seiner Mutter in einem armseligen kleinen Häuschen mit einem Raum und einem Dachbett. Sie hatten weder Gut noch Geld und auch das Essen war knapp und niemand war da, der ihnen half. Vor Kummer schickte die Mutter ihr Kind mit einem kleinen Körblein hinaus in den Wald. Es sollte sehen, was doch die Natur ihm würde schenken können.

Eines Tages war das Mädchen wieder ausgegangen, um noch ein paar Beeren zu pflücken, denn süßer Brei und Beeren wurden fortan ihre Leibspeise. Die Mutter wollte das Töchterchen überraschen und das Essen schon bereit haben, wenn es zurückkäme. So sprach sie „Töpfchen, koche!" und der Topf füllte sich mit Milch und füllte sich mit Zucker und mit Grieß und kochte auf. Er war zur Hälfte voll, da dachte sich die Mutter, dass es ausreiche und machte sich auf, das Kochen zu beenden. Doch ach, ihr fiel das Wort nicht ein. Das Wort, welches dem Topf Einhalt geben würde. Schon war der Topf dreiviertels voll und die Mutter grübelte und grübelte, lief im Raum umher und suchte das Wort.

Der Topf quoll über, der Brei bedeckte schon den Tisch und lief das Tischbein hinab, benetzte den Boden, lief zum Haus hinaus und auf die Straße. Er drängte sich an andere Häuser heran und füllte das ganze Dorf mit Brei, bis über den Kopf hoch. Als das Töchterchen zurückkam, sprach sie rasch „Töpfchen, steh!" und schon war dem Kochen ein Ende gesetzt. Wer aber künftig in das Dorf wollte, hatte noch lange damit zu tun, sich hindurch zu essen.

Doch wie das Kind sich auf den Heimweg machte, begegnete ihm eine alte Frau, die wusste schon um seinen Kummer. Die Alte schmunzelte es an mit warmem Blick und sprach zu ihm, es möge einmal zu ihr kommen. Das Mädchen trat zu ihr und sah die Alte mit großen, scheuen, ehrlichen Augen an. Der Frau begegneten in diesem Blick die Sterne des Himmels. Und über die Freude an diesem klaren und lieben Wesen schenkte sie ihm einen Topf.

Quelle: http://www.maerchen.info/brueder-grimm-maerchen/der-suesse-brei, zuletzt aufgerufen am 14.04.2016

Märchen III

1 **Denke dir drei Märchenfiguren aus und überlege, an welchem Ort dein Märchen spielen soll (im Wald, im Schloss, ...).**

Folgende Figuren habe ich mir ausgesucht: ______________________________

____

An diesem Ort soll mein Märchen spielen: ______________________________

2 **Welche Aufgabe oder welches Problem muss gelöst werden?**

Meine ausgedachte Aufgabe / mein ausgesuchtes Problem: ____________________

____

____

3 **Wie wird das Problem oder die Aufgabe gelöst (Zauberspruch, Kampf, ...)?**

Das Problem / die Aufgabe soll so gelöst werden: ________________________

____

____

____

4 **Schreibe dein Märchen mit passender Überschrift in dein Heft.**

5 **Male ein Bild zu deinem Märchen in die Schriftrolle.**

Bildergeschichten erzählen – Einstieg

Bilder, die in der richtigen Reihenfolge eine Geschichte erzählen, nennt man Bildergeschichte. Zu den einzelnen Bildern können wir dann eine Geschichte in Textform schreiben.

Bei Bildergeschichten solltest du Folgendes beachten:

- Schaue dir die Bilder in der richtigen Reihenfolge an. Was erzählen sie dir?
- Wer sind die Personen und wie könnten sie heißen?
- Was tun die Personen auf den einzelnen Bildern?
- Schau genau auf die Gesichtsausdrücke der beteiligten Personen und überlege dir, welche Gefühle die Personen haben.
- Beschreibe jedes Bild mit den wichtigsten Informationen.
- Damit deine Bildergeschichte lebendig wird, benutze die wörtliche Rede und viele Adjektive.

Tipp: Notiere dir kurz, was die Personen machen. Danach fällt dir das Schreiben leichter.

1 Schau dir die beiden Bilder genau an und beantworte die folgenden Fragen.

a) Welche Personen siehst du auf den Bildern? Gib ihnen Namen!

____

____

b) Was tun sie auf den Bildern?

____

____

____

____

Bildergeschichten erzählen I

1 **Schaut euch die Bilder einmal genau an.
Sie erzählen eine Geschichte ohne Worte.**

Welche Geschichte wird hier erzählt?

2 **Notiert fünf W-Fragewörter, die helfen, eine gute Geschichte zu schreiben.**

- ***Wer?***
- ______________________________
- ______________________________
- ______________________________
- ______________________________ *(Adjektive)*

3 **a) Sammelt zunächst zu jedem Bild und den „Zwischenräumen" Ideen zu diesen W-Fragewörtern. Notiert sie an der Tafel.**

b) Ergänzt außerdem weitere Nomen, Verben und vor allem Adjektive, die euch zu jedem Bild und Zwischenraum einfallen.

4 **Beschreibt nun mündlich das erste Bild der Geschichte.
Benutzt eure Ideen, die ihr an der Tafel gesammelt habt.**

______________________________ *(Überschrift)*

Es war ein kalter und klarer Wintertag. Lucy langweilte sich schrecklich und sah fern. Es lief ein Bericht über Eiskunstlaufen. Da kam ihr plötzlich eine Idee: Sie holte ihre Schlittschuhe aus dem Keller, zog sich warm an und lief zum Ententeich …

Bildergeschichten erzählen II

1 **Schreibe zu den drei Bildern eine Geschichte und finde eine passende Überschrift.**

Bildergeschichten erzählen III

1 **Ups, hier ist die Bildergeschichte etwas durcheinander geraten. Nummeriere die einzelnen Bilder in der richtigen Reihenfolge.**

2 **Schreibe nun zu diesen Bildern deine Bildergeschichte. Achte dabei auf die typischen Kriterien und gib deiner Geschichte eine passende Überschrift.**

Wegbeschreibung – Einstieg

Es ist wichtig, einen Weg richtig beschreiben zu können. So kannst du jemandem helfen, an einen bestimmten Ort zu kommen oder dir kann jemand erklären, wie du selbst zu einem gewünschten Ort kommst.

Damit du so genau wie möglich den Weg beschreiben kannst, sag, was links oder rechts, vor oder hinter beziehungsweise neben der Person zu sehen ist.

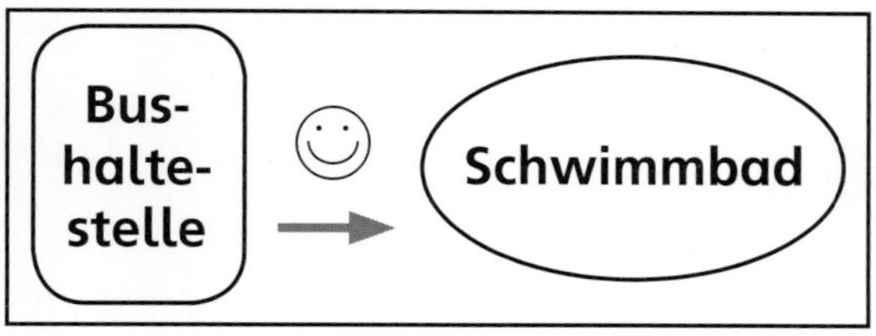

Der Pfeil gibt dir deine Lauf- und Blickrichtung an.

Beispiel: ***Vor der Person ist ein Schwimmbad zu sehen. Hinter der Person befindet sich eine Bushaltestelle.***

Tipp: Achte bei deiner Wegbeschreibung darauf, dass du dich in gleicher Blickrichtung befindest wie die Person, der du den Weg beschreibst.

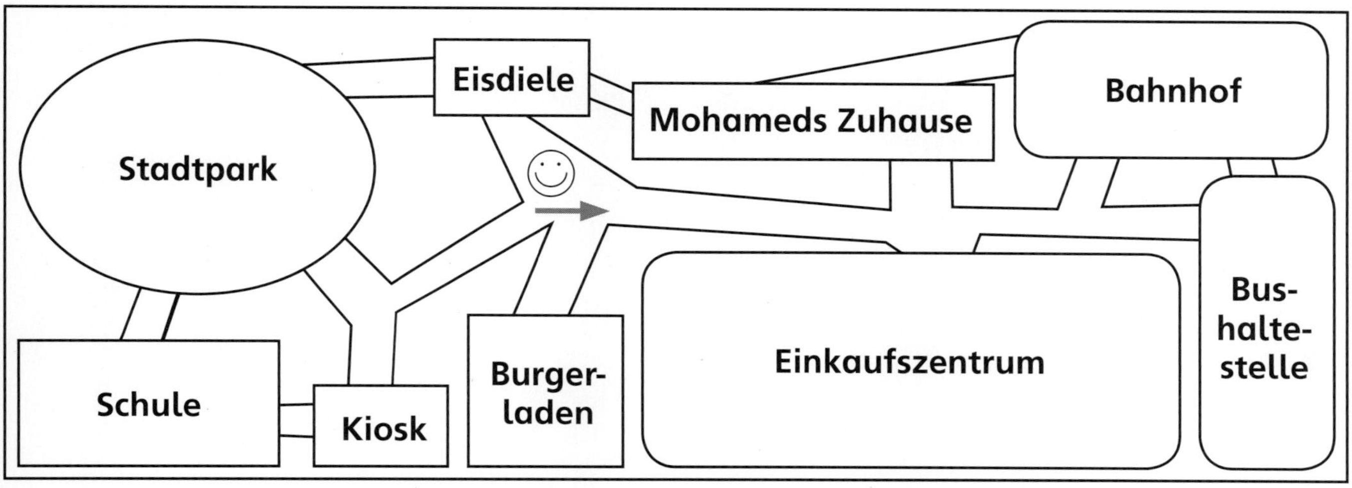

1 **Beschreibe, welche Gebäude du vor, hinter, links und rechts neben dir siehst. Der Pfeil zeigt dir an, in welche Richtung du gehst.**

Vor: ______________________________

Hinter: ______________________________

Links: ______________________________

Rechts: ______________________________

Wegbeschreibung I

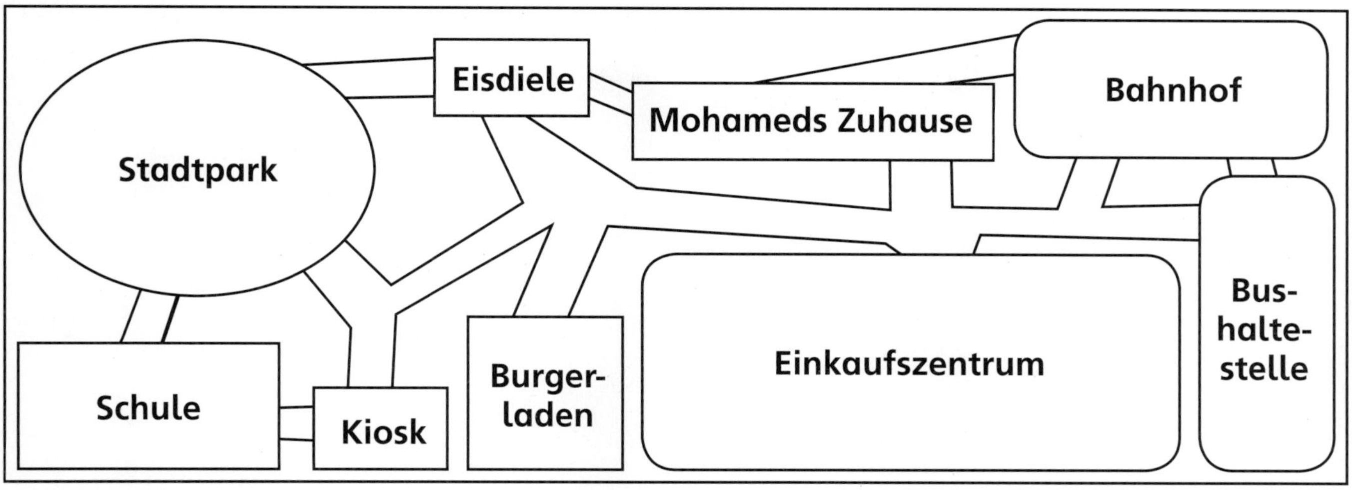

1 **Beschreibe, wie du von Mohameds Zuhause zum Kiosk findest. Denke daran zu erwähnen, was links, rechts, neben und hinter dir zu sehen ist.**

Ich stehe zwischen ____

____

____

____

____

____

____

____

____

____

2 **Wo befindest du dich auf dem Plan und wohin gehst du? Verfasse selbst eine Wegbeschreibung, ohne dein genaues Ziel zu nennen. Deine Klasse soll später erraten, an welchem Ort du angekommen bist.**

____

____

____

____

____

Wegbeschreibung II

Wo geht es denn zum Bahnhof?

Euch ist es doch sicher auch schon einmal passiert, dass ihr mit einem Freund oder einer Freundin in deiner Heimatstadt unterwegs wart und eine ortsfremde Person euch nach dem Weg gefragt hat, z. B. nach dem Weg zum Bahnhof, zur Post oder nach dem Weg zu einer bestimmten Straße.

1 **Überlegt gemeinsam, welche wichtigen Orte es in eurer Stadt/in eurem Heimatort gibt. Wisst ihr, wo sie sich befinden?**
Macht eine Stichwortliste.

____

____

Jetzt habt ihr zwar schon eine Liste wichtiger Orte, nach denen jemand fragen könnte, aber könntet ihr denn den Weg auch tatsächlich so beschreiben, dass die Person den Ort findet?

2 **Schaut euch den Ausschnitt der Straßenkarte an (er ist stark vergrößert).**
Erstellt gemeinsam ein Cluster oder eine Liste mit wichtigen Begriffen zum Wortfeld „Wegbeschreibungen".

3 **Beschreibt den Weg vom Spielplatz zum Kiosk.**
Achtung! Wegen einer Baustelle sind die Juni- und die Simonstraße leider gesperrt.

Wegbeschreibung III

1 a) **Schau dir die Karte unten an.**
b) **Beschreibe zwei Wege von einem Ort zum anderen. Verrate jedoch niemandem dein Ziel. Du musst mindestens vier Straßen benutzen.**
c) **Denkst du, du hast den Weg genau beschrieben? Überprüfe das mit mindestens zwei Nachbarn.**

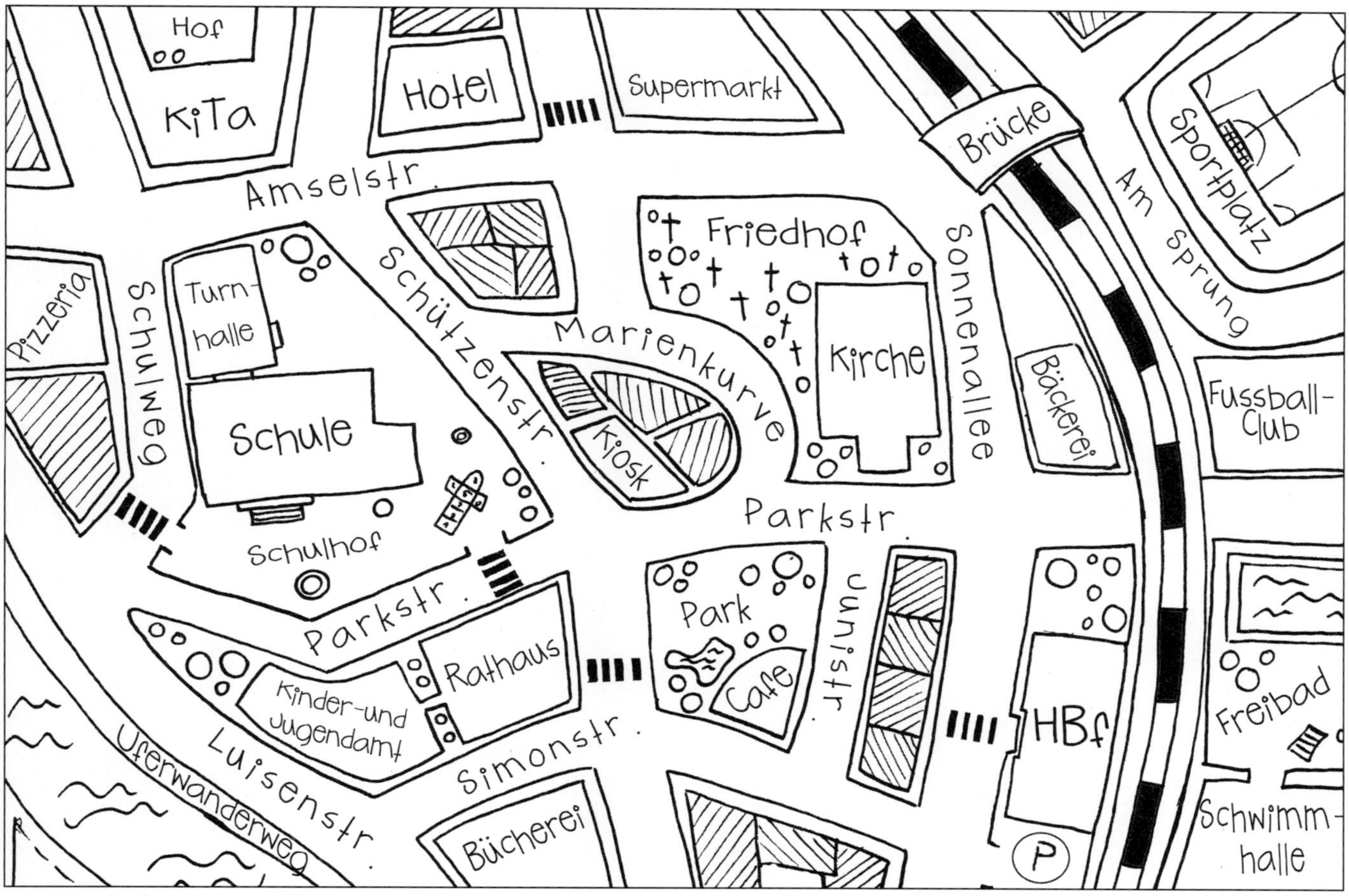

2 **Jetzt lesen dir deine Nachbarin/dein Nachbar eine Wegbeschreibung vor und du folgst mit dem Finger.**
Hat sie/er alles richtig beschrieben? Bist du am richtigen Ort angekommen?

Satzglieder: Subjekt – Prädikat – Objekt – Einstieg

Satzglieder sind Teile eines Satzes.

Hängt man verschiedene Satzglieder in passender Reihenfolge aneinander, so entsteht ein Satz.

Die wichtigsten Satzglieder heißen:

- Subjekt – Man fragt: Wer? oder Was?
- Prädikat – Man fragt: Was tut das Subjekt?
- Objekt – Wir unterscheiden verschiedene Objekte:
  - Genitivobjekt – Man fragt: Wessen?
  - Dativobjekt – Man fragt: Wem?
  - Akkusativobjekt – Man fragt: Wen? oder Was?

Um herauszufinden, welche Wörter gemeinsam zu einem Satzglied gehören, musst du den Satz mehrmals umstellen, ohne seinen Sinn zu verändern. Du machst die sogenannte Umstellprobe.

Beispiel: ***Mein Hund Snoopy läuft gerne im Wald.***

Umstellprobe:

1. Im Wald läuft gerne mein Hund Snoopy.
2. Gerne läuft mein Hund Snoopy im Wald.
3. Läuft mein Hund Snoopy gerne im Wald?

Die Umstellprobe zeigt uns also, welche Wörter wir nicht voneinander trennen können. Folgende Wörter gehören zusammen:

Im Wald	läuft	gerne	mein Hund Snoopy.
	Prädikat		*Subjekt*

Fragen nach den Satzgliedern:

Subjekt:	Wer oder Was läuft gerne im Wald?	Mein Hund Snoopy
Prädikat:	Was tut mein Hund Snoopy gerne im Wald?	Laufen

1 Frage nach dem Subjekt und dem Prädikat.

a) Snoopy schläft. b) Lucky frisst oft Knochen.

a) Subjekt: ______________________________

Prädikat: ______________________________

b) Subjekt: ______________________________

Prädikat: ______________________________

Satzglieder: Subjekt – Prädikat – Objekt I

Ein Satz ist ein Satz, ist ein Satz …
Satz ist gleich Satz, glaubt man, aber ist das wirklich so?

1 **Lest die Geschichte.**

Mein Urgroßvater und ich
von James Krüss

„In der deutschen Sprache ist das Dichten ein bisschen leichter als in anderen Sprachen!", sagte mein Urgroßvater. „Wieso?", fragte die Ober-Großmutter (Sie hieß so, weil sie im Oberland wohnte). „Weil man im Deutschen die Wörter dauernd umstellen kann."

„Verstehe ich nicht", brummte die Ober-Großmutter.

„Dann wollen wir es mal ausprobieren, Margaretha! Nehmen wir zum Beispiel den Satz: Erbsensuppe ist ein nahrhaftes Essen für die Familie!"

„Ein sehr wahrer Satz!", sagte die Ober-Großmutter und sah mich schräg von der Seite an. Da aß ich schnell mit Schlucken und Drucken drei Löffel Suppe.

Mein Urgroßvater aber sagte: „Wir wollen den Satz verändern, indem wir die Wörter umstellen. Versuch es mal, Boy!" …

2 **Stellt den Satz mehrfach um. Notiert die Möglichkeiten.**

„Erbsensuppe ist ein nahrhaftes Essen für die Familie."

Fortsetzung:

… „Gott sei Dank, jetzt ist die Erbsensuppe vergessen", dachte sich Boy und sagte dem Urgroßvater seinen Satz zum Umstellen:

„Morgen Abend essen wir endlich die leckeren Pfannkuchen."

3 **Stellt auch diesen Satz so oft es geht um.**

Satzglieder: Subjekt – Prädikat – Objekt II

1 **Bilde aus den Wörtern jeweils einen Satz und schreibe ihn auf. Trenne die Satzglieder mit einem Schrägstrich voneinander ab.**

a)

Paul | Sport | jeden | Tag | macht

____

____

b)

Lejla | gerne | gemeinsam | und
gehen | Rudi | Kino | ins

____

____

c)

Vater | jeden | mir | Nachthimmel
Sonntag | erklärt | unseren | mein

____

____

Satzglieder: Subjekt – Prädikat – Objekt III

1 **Mit welchem Fragewort kann man die einzelnen Satzteile erfragen?**
„Morgen Abend essen wir endlich die leckeren Pfannkuchen."

(1) Frage: ______________________ isst morgen Abend endlich die leckeren Pfannkuchen?
Antwort: Wir.

(2) Frage: ______________________ essen wir morgen Abend endlich?
Antwort: Die leckeren Pfannkuchen.

(3) Frage: ______________________ wir morgen Abend endlich?
Antwort: Essen.

Merke

Frage	**Satzglied**
Wer/Was?	Subjekt
Was machen?	Prädikat
Wem?	Dativobjekt
Wen/Was?	Akkusativobjekt

2 **a) Stelle die folgenden Sätze jeweils zweimal um und ermittle dadurch die Satzglieder.**

(1) Meine Schwester spielt mittags am liebsten mit ihrer Puppe.
(2) Nach der Schule laufe ich immer mit Robin nach Hause.
(3) Manchmal sehen wir die alte Dame von nebenan im Supermarkt.
(4) Gestern fanden Jan und ich einen alten Aktenkoffer beim Spielen.

b) Schreibe die Sätze in dein Heft.

c) Übertrage die Tabelle im Querformat in dein Heft.
Trage die Satzglieder dann in die Tabelle ein.

Satzglieder	(1)	(2)	(3)	(4)
Subjekt (Wer/Was?)				
Prädikat (Was machen?)				
Dativobjekt (Wem?)				
Akkusativobjekt (Wen/Was?)				

Lösungen

Das Nomen – Einstieg

Nomen (auch Substantive oder Namenwörter genannt) sind eine Wortart und

- **werden immer großgeschrieben.**
- **bezeichnen Lebewesen und Dinge.**
- **benennen alles, was wir mit unseren Sinnen wahrnehmen können (riechen, schmecken, hören, fühlen und sehen).**
- **man erkennt sie an ihren Endungen: -heit, -keit, -ung, -nis, -schaft und -tum.**
- **man kann die meisten im Singular (Einzahl) und im Plural (Mehrzahl) verwenden.**

Vor jedes Nomen kann man einen Artikel setzen:

der, die, das … (bestimmter Artikel) – ein, eine, … (unbestimmter Artikel).

1 **Trage die fehlenden Nomen mit ihren Artikeln in die Tabelle ein.**

Singular (Einzahl)	Plural (Mehrzahl)
Beispiel: das Kind	***die Kinder***
die Überraschung	die Überraschungen
der Futternapf	die Futternäpfe
die Geburtstagstorte	die Geburtstagstorten
der Gast	die Gäste
das Hamsterrad	die Hamsterräder

2 **Trage drei weitere Nomen mit ihren Artikeln im Singular und Plural in die Tabelle ein.**

Singular (Einzahl)	Plural (Mehrzahl)
Individuelle Lösung	Individuelle Lösung
Individuelle Lösung	Individuelle Lösung
Individuelle Lösung	Individuelle Lösung

Das Nomen I

1 **Ergänze die Wörter, die durch den Schluckauf unverständlich waren. Benutze die Wörter im Käfig.**

Schluckauf

Die freundliche Sonne strahlte schon um sechs Uhr früh vom hellblauen Himmel. Es war ein ganz besonderer Tag. Es war Hannas 10. Geburtstag.

Am Abend rief Hannas Tante Ruth aus Hamburg an. Sie wollte ihr gratulieren und hören, was der Tag so alles gebracht hatte. Also erzählte Hanna aufgeregt und hatte dabei einen heftigen Schluckauf:

„Ich war heute Morgen schon ganz früh wach. Ich hatte mir ja zu meinem Geburtstag einen kleinen Hamster gewünscht. Als ich in die Küche kam, stand schon ein leckerer Schokokuchen mit zehn Kerzen auf dem geschmückten Esstisch. Mama hatte auch einen schönen, bunten Blumenstrauß im Garten gepflückt und in meine selbstbemalte Vase neben den Kuchen gestellt. Aber das Beste war die große Box, die auch auf dem Tisch stand und mit einem Bettlaken abgedeckt war. Mama brachte mir eine Tasse mit heißem Kakao. Ich sollte dann mein Geschenk anschauen. Ich habe also ganz langsam das weiße Bettlaken beiseite gezogen. Und da saß tatsächlich ein kleiner, süßer Hamster in einem roten Hamsterkäfig. Im Käfig waren ein kleines Laufrad, ein runder Futternapf und ein kleines Häuschen zum Schlafen. Neben dem Käfig stand eine kleine Tüte mit Hamsterfutter. Ich bin Mama um den Hals gefallen. Sie fragte, welchen Namen der Hamster haben solle und ich habe ihn dann Max genannt. Ich wollte ihn mit in die Schule nehmen, aber Mama war dagegen.“

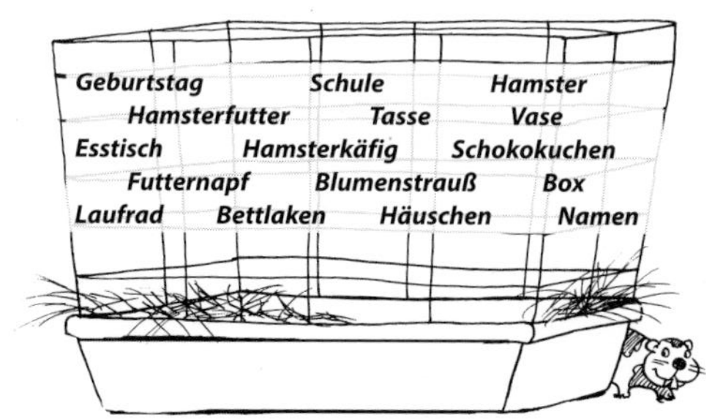

Das Nomen II

1 **Ergänze die Lücken!**

Nomen sind eine Wortart.

Sie benennen alles, was wir mit unseren Sinnen wahrnehmen können.

- Das Wort „Luft“ ist ein Nomen, weil wir die Luft fühlen können.
- Das Wort „Donner“ ist ein Nomen, weil wir den Donner hören können.
- Das Wort „Tisch“ ist ein Nomen, weil wir den Tisch sehen können.
- Das Wort „Gestank“ ist ein Nomen, weil wir den Gestank riechen können.
- Das Wort „Essen“ ist auch ein Nomen, weil wir das Essen schmecken können.

Nomen haben außerdem **spezielle Endungen.** Mit diesen Endungen kann man aus anderen Wortarten, wie zum Beispiel aus Verben und Adjektiven, Nomen machen.

Vorsicht: Bei einigen Verben und Adjektiven muss etwas ergänzt oder weggelassen werden!

- sauber + ***keit*** = die Sauberkeit
- gesund + ***heit*** = die Gesundheit
- erkund*en* + ***ung*** = die Erkundung

2 **Finde nun die passenden Endungen und bilde ein Nomen.**

- erleben + nis = das Erlebnis
- forschen + ung = die Forschung
- reich + tum = der Reichtum

Das Nomen III

1 **Zu den folgenden Adjektiven und Verben gibt es ein passendes Nomen. Du kannst es mithilfe der Endungen selbst „bauen“. Schreibe die Nomen. Ergänze auch den passenden bestimmten Artikel.**

a) beachten die Beachtung
b) regieren die Regierung
c) neu die Neuheit
d) faul die Faulheit
e) sicher (2 Möglichkeiten) die Sicherung / die Sicherheit
f) genau die Genauigkeit
g) fest die Festigkeit
h) traurig die Traurigkeit
i) schlau die Schlauheit
j) erfahren die Erfahrung
k) schnell die Schnelligkeit
l) wagen das Wagnis
m) berichtigen die Berichtigung
n) benachrichtigen die Benachrichtigung
o) rechnen die Rechnung
p) kündigen die Kündigung

2 **In diesem Text sind dem Autor einige Fehler unterlaufen. Alle Wörter außer den Satzanfängen sind klein geschrieben. Schreibe den Text richtig in dein Heft. Achte dabei auf die korrekte Groß- und Kleinschreibung!**

Die Maulwürfe und der Grashüpfer

Manfred Kyber (1880–1933)

Als der Maulwurf Peter Plüsch, dessen Leben darin bestand, unter der Erde nach Engerlingen und Regenwürmern zu wühlen, eines Tages seine rosa Schnauze aus einem Erdhaufen emporstreckte, sahen seine winzigen Äuglein etwas Sonderbares: einen Grashüpfer, der im Grase saß und seinen Abendtau trank. Peter Plüsch besah sich das grüne Wunder von allen Seiten und sagte sich: „Das ist sicher etwas Leckeres zum Fressen, das muss ich meiner Familie zeigen“, und er wühlte sich eiligst zu einem seiner Gänge und rief: „Kommt schnell, draußen sitzt ein grüner Herr. Er sieht knusprig aus.“

Peter Plüsch, seine Frau Pauline Plüsch und die drei kleinen Plüschs wühlten aus Leibeskräften. Zuerst tauchte Peter Plüsch aus dem Erdboden auf, dann Frau Plüsch und nachher die drei kleinen Plüschs.

„Los!“, schrie Peter Plüsch und die Plüschs fuhren alle zusammen auf den knusprigen Grashüpfer los. Der aber sprang mit einem gewaltigen Satz über die Plüschs hinweg, sodass sie nichts mehr von ihm sahen, sondern mit den Nasen zusammenstießen.

Peter Plüsch war wütend und die kleinen Plüschs fragten: „Papa, wo ist der Grashüpfer geblieben?“

„Er ist in der Erde verschwunden“, schrie Peter Plüsch, „wo kann man denn sonst verschwinden, als in der Erde. Also los, wühlen, wühlen, wir müssen ihn finden!“

Inzwischen war es Nacht geworden und die Plüschs wühlten immer noch; sie suchten nach dem verlorenen Grashüpfer.

Die weise Kröte Sibylle Warzenreich aber, die das Ganze beobachtet hatte, rief: „Es gibt so viele, die in der Erde wühlen nach dem, was über der Erde ist. Das Wühlen nützt gar nichts, Herr Plüsch! Es sind zwei Reiche, eines in der Erde und eines über der Erde – und vielleicht sind es noch viel, viel mehr.“

Und dann seufzte sie und sah nach oben. Die Sterne gingen über ihr auf.

Quelle: http://gutenberg.spiegel.de/buch/balduin-brummsel-und-andere-tiergeschichten-5505/13 (leicht abgeändert), zuletzt aufgerufen am 08.08.2016

Zeitformen des Verbs – Einstieg

Das Verb (Tuwort) ist eine Wortart.
Es beschreibt Tätigkeiten, Vorgänge oder Zustände.

Beispiel: ***springen, kochen, regnen***

Je nach Person wechselt es seine Form (Konjugation):

1. Person Singular: ich geh**e**
2. Person Singular: du geh**st**
3. Person Singular: er/sie/es geh**t**

1. Person Plural: wir geh**en**
2. Person Plural: ihr geh**t**
3. Person Plural: sie geh**en**

Das Verb kann man in verschiedene Zeitformen setzen:

- **Präsens (Gegenwart)** ➔ **ich gehe**
- **Präteritum (Vergangenheit)** ➔ **ich ging**
- **Perfekt (vollendete Gegenwart)** ➔ **ich bin gegangen**
- **Plusquamperfekt (Vorvergangenheit)** ➔ **ich war gegangen**
- **Futur I (Zukunft)** ➔ **ich werde gehen**

1 **Konjugiere die Verben und trage sie in die Zeitentabelle ein.**

Person	Präsens	Präteritum	Perfekt	Plusquam-perfekt	Futur I
ich	***schreibe***	***schrieb***	***habe geschrieben***	***hatte geschrieben***	***werde schreiben***
ich	laufe	**lief**	bin gelaufen	war gelaufen	werde laufen
du	schaust	schautest	**hast geschaut**	hattest geschaut	wirst schauen
er/sie/es	lacht	lachte	hat gelacht	**hatte gelacht**	wird lachen
wir	**lesen**	lasen	haben gelesen	hatten gelesen	werden lesen
ihr	seht	saht	habt gesehen	hattet gesehen	**werdet sehen**
sie	essen	**aßen**	haben gegessen	hatten gegessen	werden essen

Zeitformen des Verbs I

Die Grundform des Verbs nennt man auch den Infinitiv!
Beispiel: ***Ich gehe*** ➔ ***Infinitiv = gehen***

1 **Ergänze die Tabelle.**

Tätigkeit	Person	Zeitform	Infinitiv
du schriebst	***2. Person Singular***	***Präteritum***	***schreiben***
wir hatten getrunken	1. Person Plural	Plusquamperfekt	trinken
sie werden fahren	3. Person Plural	Futur I	fahren
er isst	3. Person Singular	Präsens	essen
ihr seid gewesen	2. Person Plural	Perfekt	sein

2 **Schreibe die Sätze in der vorgegebenen Zeitform.**

Beispiel: ***Präsens: Ich gehe in den Park.*** ➔ ***Präteritum: Ich ging in den Park.***

a) Präsens: Du sitzt im Kino.
Futur I: Du wirst im Kino sitzen.

b) Perfekt: Du hast einen Brief geschrieben.
Präteritum: Du schriebst einen Brief.

c) Plusquamperfekt: Er hatte Waffeln gegessen.
Perfekt: Er hat Waffeln gegessen.

d) Futur I: Wir werden lange über diesen Witz lachen.
Plusquamperfekt: Wir hatten lange über diesen Witz gelacht.

e) Präsens: Ich gehe morgen zu Valentino.
Futur I: Ich werde morgen zu Valentino gehen.

Zeitformen des Verbs II

1 **Lest gemeinsam den Text zum Buddhismus.**
a) Sortiere die unterstrichenen Zeitformen der Verben in die Tabelle ein.
b) Notiere auch den passenden Infinitiv des Verbs.

Der Buddhismus

Der Buddhismus ist eine der großen Weltreligionen. Etwa 300 Millionen Menschen sind Buddhisten. Die meisten von ihnen leben in den asiatischen Ländern Thailand, China, Birma, Vietnam und Japan. Auch in Europa gibt es etwa eine Million Buddhisten.

Es gibt etwa 100.000 deutsche Buddhisten. Man hat in manchen deutschen Städten sogar buddhistische Tempel gebaut, zum Beispiel in Hamburg, München, Düsseldorf und Hannover. Ursprünglich kommt der Buddhismus aber aus Indien.

Siddharta Gautama hat ihn dort im Jahr 534 vor Christus gegründet.

Siddharta Gautama war der Sohn eines indischen Fürsten und lebte in einem Palast. Obwohl er alles hatte und sich um nichts Sorgen machen musste, war er nicht glücklich. Es heißt, dass er bei Ausflügen aus dem Palast einen alten Mann, einen Kranken, einen Toten und einen Bettler sah. Dieses Leid hatte ihn so berührt, dass er sein Leben ändern wollte. Deshalb ging er von zu Hause fort und dachte viel über das Leben nach.

Die Buddhisten glauben, dass Siddharta Gautama dabei die „Erleuchtung" gefunden hat. Das bedeutet, dass er beim Nachdenken irgendwann alle Dinge über sich und die Welt verstanden hatte. Seit seiner „Erleuchtung" trägt Gautama den Titel „Buddha". Das bedeutet: „der Erleuchtete". Nach seiner Erleuchtung lebte Buddha als Prediger und gründete eine Glaubensgemeinschaft. Buddha war also kein Gott, sondern ein Mensch, der den Buddhismus gegründet hat. (…)

Präsens	Präteritum	Perfekt	Plusquamperfekt
ist – sein	war – sein	hat gebaut – bauen	hatte berührt – berühren
sind – sein	lebte – leben	hat gegründet – gründen	hatte verstanden – verstehen
leben – leben	hatte – haben	hat gefunden – finden	
gibt – geben	musste – müssen		
kommt – kommen	sah – sehen		
heißt – heißen	wollte – wollen		
glauben – glauben	ging – gehen		
bedeutet – bedeuten	dachte – denken		
trägt – tragen	gründete – gründen		

Zeitformen des Verbs III

1 **Lies den folgenden Text.**
a) Ergänze nun die fehlenden Zeitformen.
b) Fertige eine Zeiten-Tabelle auf einem Extrablatt an und trage die Formen dort ein.

(…) Buddhisten glauben, dass alles in der Welt ein Kreislauf ist und die Menschen nach dem Tod immer wieder neu geboren werden. Sie können als Menschen, aber auch als Tiere oder Pflanzen wiedergeboren werden. Buddhisten wollen aber nicht endlos wiedergeboren werden. Dazu benötigen Buddhisten ein gutes Karma, welches sie durch vorbildliches Leben erhalten

Zum Karma gehört all das, was ein Buddhist in seinem Leben tut und getan hat. Wenn jemand bescheiden, gütig und einsichtig war, hatte er in seinem Leben ein gutes Karma.

Dann wird das nächste Leben besser als das letzte es war.

Wenn Buddhisten sich aber schlecht verhalten haben, riskieren sie ein schlechtes Karma. Dann könnten sie im nächsten Leben zum Beispiel nicht als Mensch, sondern als Tier wiedergeboren werden. Wer Buddhist werden möchte, muss sich frei dazu entscheiden. Der Buddhist glaubt an die sogenannten „drei Juwelen". Das erste „Juwel" ist Buddha. Das zweite ist das Dhamma. Das sind die Lehren von Buddha. Der dritte Teil ist das Sangha. Es stellt die Gemeinschaft aller Buddhisten dar.

Wichtig sind für die Buddhisten ihre fünf Regeln. Buddhisten sollen nicht töten, nicht stehlen und nicht lügen. Außerdem sollen sie keinen Alkohol trinken oder Drogen nehmen. Wer all diese Regeln befolgt, gilt als guter Buddhist.

Und das wirkt sich dann wieder auf das Karma aus. Das Motto der Buddhisten lautet also einfach gesagt: Tu Gutes, dann erreichst du das Nirwana.

Beschreiben mit Adjektiven – Einstieg

Das Adjektiv (Wiewort) ist eine Wortart. Es beschreibt Personen und Dinge näher.

*Beispiel: Der Mann ist **groß** und **schlank**.*

Adjektive kann man steigern:

schnell — schneller — am schnellsten

↑ ↑ ↑

Positiv — Komparativ — Superlativ

Achtung: Es gibt auch Ausnahmen!

Beispiel: ***gut — besser — am besten***

1 **Markiere alle Adjektive.**

langweilig | spielen | und | fahren | Haus

grün | kochen | eckig | glatt

klug | spaßig | Kleider | größer

verrückt | Meer | Schrank | bunt | lachen

2 **Schreibe zu jedem Adjektiv einen Satz in dein Heft.**

Individuelle Lösung

Beschreiben mit Adjektiven I

Susan und Alina aus der 5g treffen sich nach der Schule zum Hausaufgabenmachen. Doch vorher muss Alina noch etwas besprechen.

Alina: „Hey, sag' mal, kennst du den neuen Jungen aus der 5a?"
Susan: „Weiß nicht, wie sieht er denn aus?"
Alina: „Na, der mit den blonden Locken und dem frechen Lächeln!"
Susan: „Meinst du diesen Thomas? Der hatte heute ein blaues Sweatshirt an."
Alina: „Nein, der nicht. Der, den ich meine, hatte eine rote Kapuzenjacke an."
Susan: „Ach, du meinst Andi? Der mit der gelben Baseballmütze?"
Alina: „Nein, der ist es auch nicht. Er ist nicht sehr groß, aber er hat eine sportliche Figur und er ist ein guter Fußballer."
Susan: „Ist der kleiner als Peter aus unserer Klasse? Der ist ja wirklich klein."
Alina: „Nein, etwas größer ist er schon. Ungefähr so groß wie Daniel. Aber ich glaube, er ist schon ein Jahr älter."
Susan: „Was findest du denn so toll an ihm?"
Alina: „Er hat so interessante Augen und ich mag sein rundes Gesicht."
Susan: „Aha, dann weiß ich es jetzt! Er heißt Jakob und hatte heute diese modernen, weißen Turnschuhe an."
Alina: „Genau, den meine ich, danke! So, jetzt lass uns aber endlich anfangen …"

1 **Wie hat Alina es geschafft, Susan zu erklären, welchen Jungen sie meint?**

Individuelle Lösung

2 **a) Benenne die Wörter, die bei Beschreibungen helfen können.**
b) Schreibe diese Wörter in die linke Spalte der Tabelle.

[a)] Adjektive	Positiv	Komparativ	Superlativ
neuen	neu	neuer	am neusten/neuesten
blonden	blond	blonder	am blondesten
frechen	frech	frecher	am frechsten
blaues	blau	blauer	am blausten
rote	rot	röter	am rötesten
gelben	gelb	gelber	am gelbsten
groß	groß	größer	am größten
sportliche	sportlich	sportlicher	am sportlichsten
guter	gut	besser	am besten
kleiner	klein	kleiner	am kleinsten
älter	alt	älter	am ältesten
toll	toll	toller	am tollsten
interessante	interessant	interessanter	am interessantesten
rundes	rund	runder	am rundesten
modernen	modern	moderner	am modernsten
weißen	weiß	weißer	am weißesten

3 **Ergänze nun die Tabelle.**

Beschreiben mit Adjektiven II

1 **Beschreibe eines der beiden Kinder.**
Benutze dazu möglichst viele treffende Adjektive.
Individuelle Lösung

2 **Wähle nun ein Kind aus deiner Klasse und beschreibe es so gut, dass deine Mitschüler später erraten können, welches Kind du beschrieben hast.**
Verwende möglichst viele, passende Adjektive.
Benutze auch Steigerungsformen der Adjektive.
Individuelle Lösung

Beschreiben mit Adjektiven III

1 **Ergänze die Lücken mit passenden Adjektiven.**

Das Geräusch im Keller
(Beispiel)

Endlich war es soweit – Tim durfte einen Abend alleine zuhause bleiben. Die Abende, die er mit seinen Eltern beim langweiligen Kegeln verbringen musste, waren nun vorbei. Tim fühlte sich erwachsen und groß. Er holte sich eine leckere Tüte Chips und eine kalte Flasche Limonade aus dem Kühlschrank. Danach legte er sich auf das gemütliche Sofa. Tim schaltete den Fernseher ein und blieb bei einem spannenden Krimi hängen. Solche Filme durfte er sonst nie schauen. Im Film fanden die Ermittler gerade eine Leiche, die der Mörder im Keller eines großen Mehrfamilienhauses versteckt hatte. Tim bekam furchtbare Angst und wollte den Fernseher gerade abschalten, als er plötzlich …

2 **Schreibe die Geschichte mit vielen passenden Adjektiven weiter.**
(Beispiel)

… ein unheimliches Geräusch aus dem Keller hörte. Schnell setzte er sich auf und lauschte ein weiteres Mal nach dem Geräusch. Da war es wieder – ein Poltern und Kratzen, zusammen mit einem lauten Aufschrei, waren zu hören. Tim nahm all seinen Mut zusammen und ging langsam und leise Richtung Keller, schließlich war er doch kein kleines Kind mehr. Die Schreie wurden immer lauter und das Kratzen war unerträglich. Vorsichtig öffnete er die Kellertür und schlich die alte Treppe hinunter. Er ertastete im Dunkeln die Taschenlampe, die immer auf einem Regal lag. Er schaltete sie an und leuchtete in den dunklen Raum hinein. Plötzlich funkelten ihn zwei helle Augen an. Tim stockte der Atem. Als er jedoch ein leises „Miau" hörte, wusste er, dass es Findus war, der Kater des Nachbarn. Erleichtert schaltete er das Licht an und brachte Findus zu seinem Besitzer zurück.

Informationen zu Personen – Einstieg

Informationen zu Personen findet man häufig in Steckbriefen. In diesen werden alle wichtigen Informationen über eine Person gesammelt und dargestellt.

Der folgende Aufbau hilft dir bei dem Erstellen eines Steckbriefes:

1. Angaben zur Person
- Vor- und Nachname der Person
- Geburtsdatum und Alter
- Wohnort

2. Äußere Merkmale der Person
- Körpergröße und Gewicht
- Haar- und Augenfarbe
- Sonstige Besonderheiten, wie z. B. Brille, Bart, Sommersprossen …

3. Nähere Beschreibung der Person
- Kleidung
- Hobbys
- Dinge oder Tätigkeiten, die die Person gerne mag, wie z. B. Lieblingsessen, Lieblingstier …
- Tätigkeit/Beruf der Person, wie z. B. Schüler, Rentner, Hausfrau, Arzt …

Achte bei deinem Steckbrief darauf, dass du die Person so genau wie möglich beschreibst. Steckbriefe dienen nämlich auch der Vermissten- oder Tätersuche!

Es gibt zwei Möglichkeiten einen Steckbrief zu schreiben: Du kannst ihn als Tabelle oder in Textform verfassen.

1 **Suche dir geheim eine/n deiner Mitschüler/innen aus. Es darf keiner wissen, wen du gewählt hast! Schreibe nun einen Steckbrief über diese Person in Tabellenform. Gehe dabei auf möglichst viele der oben genannten Punkte ein.**
Teilt nun die Klasse in zwei Gruppen ein. Abwechselnd liest jede Gruppe einen Steckbrief vor. Nur der Name darf nicht vorgelesen werden. Die andere Gruppe muss erraten, welches Kind aus der Klasse in dem Steckbrief beschrieben wird. Ist die Antwort korrekt, erhält die Gruppe einen Punkt.

GESUCHT

Vorname: Individuelle Lösung

Nachname: Individuelle Lösung

Geburtsdatum: Individuelle Lösung

Alter: Individuelle Lösung

Informationen zu Personen I

Hast du schon einmal einen Western geschaut? Mit Cowboys und Indianern?
Erzählt euch in der Klasse kurz davon.
Weiß vielleicht auch einer, wie der Sheriff damals die Gangster gesucht hat?
Genau, er hat Steckbriefe geschrieben und überall aufgehängt!
Hier sind zwei solcher Steckbriefe, allerdings sind die Informationen nur noch schwer zu erkennen und außerdem ist einiges durcheinandergeraten.

1 **Versucht gemeinsam die Steckbriefe zu vervollständigen.**
Schaut euch die Bilder genau an.
Ordnet die Informationen im Kasten unten richtig zu.

Gesucht

Messer Joe kommt aus Oklahoma.
Er ist 1,50 m groß, hat graue, lange Haare und einen langen Bart.
Er hat O-Beine, buschige Augenbrauen und eine Knollnase.
Er trägt einen bunten Mexiko-Hut, einen braunen Poncho und spitze Stiefel.
Am Gürtel hat er fünf Messer und kann drei Klingen gleichzeitig werfen.

Gesucht

Pistolen-Pete kommt aus Texas.
Er ist 1,95 m groß, hat kurze, schwarze Haare und eine lange Nase.
Er hat ein spitzes Kinn.
Er trägt eine helle Jacke mit Silberknöpfen, einen Ohrring und einen edlen schwarzen Cowboyhut.
Er hat zwei Pistolen am Gürtel und ist der beste Schütze im Wilden Westen.

Messer Joe / graue, lange Haare / edler schwarzer Cowboyhut / Texas / Ohrring / 1,50 m / langer Bart / kurze, schwarze Haare / O-Beine / spitzes Kinn / Oklahoma / lange Nase / buschige Augenbrauen / brauner Poncho / helle Jacke mit Silberknöpfen / zwei Pistolen am Gürtel / bunter Mexiko-Hut / fünf Messer / Pistolen-Pete / bester Schütze im Wilden Westen / kann drei Klingen gleichzeitig werfen / 1,95 m / Knollnase / spitze Stiefel

Informationen zu Personen II

1 **Markiere die Informationen, die du für einen Steckbrief benötigst.**

- schöne Haare
- braune Augen
- wohnt heute in Offenbach
- wohnte früher in Frankfurt
- geht morgen ins Kino
- wurde am 23.06.2006 geboren
- wog bei seiner Geburt 3000 g
- hat eine Zahnlücke
- wiegt 31 kg
- heißt Anton
- wurde in Gießen geboren

2 **Schreibe mit den oben genannten Informationen einen Steckbrief. Die fehlenden Angaben musst du dir selbst ausdenken.**

STECKBRIEF

Vorname:	Anton
Nachname:	individuell
Geburtsdatum:	23.06.2006
Geburtsort:	Gießen
Alter:	entsprechend des Geburtsdatums
Wohnort:	Offenbach
Körpergröße:	individuell
Gewicht:	31 kg
Haarfarbe:	individuell
Augenfarbe:	braun
Besonderheiten:	Zahnlücke
Hobbys:	individuell (Kino)

Informationen zu Personen III

1 **Suche dir eine prominente Person aus, zu der du einen Steckbrief in Textform schreibst. Wenn du fertig bist, male auch ein Bild dazu und verziere dein Blatt.**

GESUCHT

Individuelle Lösung

Richtig schreiben/Wortstammendungen mit p/b, d/t, g/k – Einstieg

Bei manchen Wörtern weiß man nicht genau, ob sie mit p oder b, d oder t oder mit g oder k geschrieben werden. Hier lernst du einige Tipps kennen, wie du die richtige Schreibweise herausfinden kannst.

<u>Für Nomen:</u> *Beispiel:* ***Der <u>Dieb</u> war schnell.***

Um zu prüfen, ob der „Dieb" mit einem b oder einem p am Ende geschrieben wird, kannst du die Pluralform des Nomens bilden.

der Die**b** – die Die**b**e
↑ ↑
Singular – Plural

<u>Für Verben:</u> *Beispiel:* ***Der Hund <u>tobt</u> im Garten.***

Um zu prüfen, ob „tobt" mit einem b oder einem p geschrieben wird, kannst du das Verb in den Infinitiv setzen.

to**b**t – to**b**en
↑ ↑
3. Person Singular – Infinitiv (Grundform)

1 **Entscheide, wie die folgenden Wörter geschrieben werden und setze den fehlenden Buchstaben ein.**

p/b	d/t	g/k
Lu_p_e	Hu_t_	Ber_g_
lie_b_st	Kin_d_	Spu_k_
Sie_b_	Mun_d_	Zwer_g_
lo_b_t	Aben_d_	Bur_g_

Richtig schreiben/Wortstammendungen mit p/b, d/t, g/k I

Damit hatte sicher jeder schon einmal Probleme:
Heißt es nun „hept auf" oder „hebt auf", „fant" oder „fand", „lank" oder „lang"?

1 **Überprüft zunächst euer Wissen. Tragt die Lösungen gemeinsam ein.**

a) den Unterschied fes_t_ stellen
b) Mitlei_d_ erregen
c) sei_t_ gestern hier sein
d) anstrengen_d_ sein
e) in den Clu_b_ gehen
f) nicht erlau_b_t sein
g) die Hau_p_tstadt suchen
h) das Flu_g_modell einfliegen
i) Wer_k_zeu_g_ benutzen

2 **Lest die Wörter laut vor. Was fällt euch auf? Weshalb gibt es Probleme?**

a) das Mikroskop, das Lob, das Sieb, der Typ, der Wettbewerb
b) kalt, der Wald, das Geld, das Feld, die Fahrt
c) der Berg, das Werk, der Vermerk, der Zwerg

Weil die Wörter sich von der Aussprache her sehr ähnlich anhören.

Lehrerhinweis:
Den Schülerinnen und Schülern sollte auffallen, dass sich die Laute p/b, t/d und g/k in der Aussprache manchmal nur wenig bis gar nicht unterscheiden.

3 **Lest nun die nächsten Beispiele. Warum ist es nun einfacher?**

a) die Mikroskope, die Lobe, die Siebe, die Typen, die Wettbewerbe
b) kälter, die Wälder, die Gelder, die Felder, die Fahrten
c) die Berge, die Werke, die Vermerke, die Zwerge

Durch die Verlängerung kann man hören, welcher Buchstabe gemeint ist.

Lehrerhinweis:
Es soll deutlich werden, dass die zuvor unklaren Buchstaben durch die Verlängerung (bei Adjektiven auch Steigerung oder bei Verben der Infinitiv) deutlich hörbar werden.

4 **Formuliert gemeinsam eine Regel.**

Wenn man deutlich zwischen den Lauten p/b, t/d und g/k unterscheiden will, kann man die Wörter verlängern (den Plural oder eine Steigerungsform bilden) oder ein anderes Wort aus der Wortfamilie zu Hilfe nehmen.

Richtig schreiben/Wortstammendungen mit p/b, d/t, g/k II

1 **Lies die kurze Geschichte und ergänze die fehlenden Buchstaben. Mache die Verlängerungsprobe, wenn du unsicher bist.**

„Gi_b_t es heute Puddin_g_ zum Nachtisch?", fra_g_te Tina aus dem Esszimmer.

Sie wusste genau, dass sich ihre Mutter darüber aufre_g_t, denn Tina wollte immer Puddin_g_ zum Nachtisch. Also rief ihre Mutter aus der Küche: „Mensch Tina, ich habe doch einen Kuchen gebacken. Das reicht doch, oder?" Tina überle_g_te.

„Na gut, aber dann möchte ich ein Stück mit in mein Zimmer nehmen! Ich muss noch Hausaufgaben machen." Ihre Mutter brachte ihr ein Stück Schokokuchen auf einem kleinen Teller. „Und wenn du damit ferti_g_ bist, räumst du dein Zimmer auf. Alle Regale sind verstau_b_t. Und wenn du schon dabei bist, he_b_st du auch bitte deine ganzen Kleider vom Boden auf. Und sortier mal die alten Sachen aus. Die können in der Altkleidersammlun_g_ entsor_g_t werden. Aber nicht das rote Klei_d_. Das will ich Tante Rose geben. Das passt der Katie jetzt sicher." Tina schluckte. Und das alles nur, weil es heute keinen Puddin_g_ zum Nachtisch gab.

2 **Schreibe nun alle Wörter aus der Geschichte mit ihren Verlängerungsformen oder in ihrer Grundform auf.**

	Wort	Verlängerung/Grundform
p		
b	gibt / verstaubt / hebst	geben / verstauben / heben
g	Pudding / fragte / aufregt / überlegte / fertig / Altkleidersammlung / entsorgt	Puddinge / fragen / aufregen / überlegen / fertige / Altkleidersammlungen / entsorgen
k		
t		
d	Kleid	Kleider

Richtig schreiben/Wortstammendungen mit p/b, d/t, g/k III

1 **Hier hat sich der Fehlerteufel eingeschlichen. Markiere alle fehlerhaften Wörter und schreibe sie anschließend richtig auf die Teufelsliste.**

Ein Teufelswerg

Eines Abents saß Tim noch spät an seinen Hausaufgaben. Eigendlich hatte er keine Lust unt schaltete sich laud seinen MP3-Player an. Die Musig und der Gesank versetzten ihn in eine andere Weld. Er träumte vor sich hin. Diese Gelegenheid nutzte der Fehlerteufel und sprank unentdeckt auf seinen Schreiptisch. Freudik verteilte er einige Fehler in Tims Aufsatz. Der Fehlerteufel vertauschte nur die Buchstaben p, b, d, t, g unt k.

Nach der erledikten Arbeid verschwant der Teufel unbemergt aus dem Zimmer. Tim schriep seinen Aufsatz mittlerweile mit viel Spannunk und Freude. Durch die Musik bemergte Tim den Fehlerteufel nicht.

Am nächsten Morgen gink Tim in die Schule. Er freute sich, dem Lehrer seinen Aufsatz zu geben. Bei der Rückgabe am Tak darauf sah er das Teufelswerg und wurde ganz rod vor Scham. Tim überlegte, wie es dazu kommen konnte, dass er den Teufel nicht bemergt hatte. Er entschuldikte sich für seinen Aufsatz und gelopte mehr Konzentration bei seinen Hausaufgaben.

Die Teufelsliste:

Teufelswerk, Abends, eigentlich, und, laut, Musik, Gesang, Welt, Gelegenheit, sprang, Schreibtisch, Freudig, erledigten, Arbeit, verschwand, unbemerkt, schrieb, Spannung, bemerkte, ging, Tag, rot, bemerkt, entschuldigte, gelobte

Zeichensetzung in der wörtlichen Rede – Einstieg

Zeichensetzung ist wichtig, um zu verstehen, was der andere sagt oder ausdrücken möchte. Außerdem ist sie wichtig, um unsere Sprache zu gliedern.

Beispiel: ***Peter ruft: „Komm, wir essen, Opa!"***

Peter ruft: „Komm, wir essen Opa!"

Beim ersten Satz wird der Opa zum Essen gerufen, während beim zweiten Satz dazu aufgefordert wird, den Opa zu essen.

Es gibt folgende Satzzeichen:

- Punkt (.) → beendet einen Aussagesatz.
- Doppelpunkt (:) → leitet z. B. den Beginn einer wörtlichen Rede ein.
- Komma (,) → grenzt Satzteile voneinander ab.
- Anführungszeichen („ ") → markiert den Beginn und das Ende der wörtlichen Rede.
- Ausrufezeichen (!) → beendet einen Ausrufe- oder Befehlssatz.
- Fragezeichen (?) → beendet einen Fragesatz.

Ohne Satzzeichen kämen wir ziemlich schnell durcheinander.

1 **Markiere die Satzenden mit einem Punkt, einem Frage- oder einem Ausrufezeichen und schreibe die Satzart auf die Linie.**

Beispiel: ***Lisa geht langsam über die Straße.*** **Satzart:** ***Aussagesatz***

a) Der Hund läuft schnell über die Straße . **Satzart:** Aussagesatz

b) Gehen wir heute schwimmen ? **Satzart:** Fragesatz

c) Warte auf mich ! **Satzart:** Befehlssatz

d) Wollen wir heute einkaufen gehen ? **Satzart:** Fragesatz

e) Bring mir Suppe ! **Satzart:** Befehlssatz

f) Möchtest du den Kuchen essen ? **Satzart:** Fragesatz

g) Wir fahren heute in die Stadt . **Satzart:** Aussagesatz

h) Male das Bild aus ! **Satzart:** Befehlssatz

Zeichensetzung in der wörtlichen Rede I

1 **Der folgende Abschnitt besteht aus mehreren Sätzen mit wörtlicher Rede. Trenne die Sätze mit einem Trennstrich (/) voneinander ab und unterstreiche die wörtliche Rede. Schreibe nun die Sätze auf die Linien.**

Beispiel: ***Tim und Tina verabreden sich im Schwimmbad Tina ruft: „Komm, lass uns ins Wasser gehen!"***

Lösung: ***Tim und Tina verabreden sich im Schwimmbad / Tina ruft: „Komm, lass uns ins Wasser gehen!"***

Der Schwimmbadbesuch

Tim und Tina verabreden sich im Schwimmbad Tina ruft: „Komm, lass uns ins Wasser gehen!" „Warte auf mich!", antwortet Tim gemeinsam springen sie ins Wasser Tina fragt: „Wollen wir rutschen?" „Gerne", sagt Tim und zusammen klettern sie aus dem Wasser heraus nach einer Weile sind sie endlich an der Reihe und schlittern jubelnd die Rutsche hinunter.

Tim und Tina verabreden sich im Schwimmbad / Tina ruft: „Komm, lass uns ins Wasser gehen!"
„Warte auf mich!", antwortet Tim / Gemeinsam springen sie ins Wasser /
Tina fragt: „Wollen wir rutschen?" / „Gerne", sagt Tim und zusammen klettern
sie aus dem Wasser heraus / Nach einer Weile sind sie endlich an der Reihe
und schlittern jubelnd die Rutsche hinunter.

Zeichensetzung in der wörtlichen Rede II

1 **Lest den Anfang der Geschichte unten gemeinsam.**

a) Welche Satzzeichen kennzeichnen die wörtliche Rede?

Die wörtliche Rede wird durch Redezeichen markiert. Wird der Begleitsatz **vor** der wörtlichen Rede geschrieben, folgt ein Doppelpunkt (:). Anfang und Ende der wörtlichen Rede sind durch Anführungszeichen gekennzeichnet („..."). Steht der Begleitsatz **nach** der wörtlichen Rede, wird ein Komma gesetzt: „...", sagt Hans.

b) Im weiteren Text fehlen die Satzzeichen, die anzeigen, wann jemand spricht. Kannst du die Stellen finden? Unterstreiche sie zunächst im Text.

c) Ergänze die fehlenden Satzzeichen für die wörtliche Rede im Text.

Zwischen den Dörfchen Bregenbrett und Drögenbröt findet jedes Jahr ein Schimpfwortwettbewerb statt. Und der verläuft so:

Der Schimpfwortwettbewerb[1]
Axel Baumgart

(...) Um ganz genau 12 Uhr, 13 Minuten und 14 Sekunden mittags (so war es Tradition) sagte Bernd Brötelbuck: ***„Achtung – Schimpft – Los!"***

Sofort kam von der Drögenbröter Seite: ***„Du Wackel-Dackel-Zappel-Pappel!"***

Alle Drögenbröter riefen: ***„Hey, hey, hey, hey ...",*** worauf Bregenbrett sofort mit ***„buuuuhhhh, buuuuhhhh ..."*** antwortete.

Jetzt war Bregenbrett an der Reihe. Gar nicht so einfach.

Da sagte Nicolaus Neunmalklug, der Lehrer: „Misch-Masch-mixender-Mops-melkender-Maulheld!"

Diesmal riefen die Bregenbretter begeistert: „Hey, hey, hey, hey ...

Und Drögenbröt buhte: „Buuuuhhhh, buuuuhhhh ..."

So ging das mit den Schimpfworten hin und her:

Drögenbröt: „Blau-Bier-blubbernder-bärgesichtiger-Barfuß-Balletttänzer!"

Bregenbrett: „Zitronen-zischender-Zwetschgen-zwirbelnder-Ziehharmonika-ziehender-Zupfdudel!"

Drögenbröt: „Gurgel-Grund-Sprudel-Huber-Super-Nudel-Puper!"

Bregenbrett: „Kuchen-kauende-Kamel-Kröte!"

[1] Vollständige Geschichte ist zu finden unter http://www.axel-baumgart.de

Zeichensetzung in der wörtlichen Rede III

Die zwei Dörfer Bregenbrett und Drögenbröt machen einen Schimpfwortwettbewerb. Die Dorfbewohner beschimpfen sich abwechselnd.

1 **Lies dir nun den folgenden Teil der Geschichte durch. Hier fehlen die Satzzeichen für die wörtliche Rede. Ergänze sie im Text mit einer leuchtenden Farbe.**

Der Schimpfwortwettbewerb[1]
Axel Baumgart

(...) Jetzt waren die Schimpfworte nicht mehr so gut, und es dauerte auch länger, bis neue kamen. Daran konnte man erkennen, dass der Wettstreit bald zu Ende sein würde. Und tatsächlich, da rief Bernd Brötelbuck: „Hier kommt das Urteil." Und es wurde ganz still auf dem Dorfplatz. „Das Urteil lautet: Unentschieden!"

Das hatte es noch nie gegeben. Und das ging ja auch gar nicht. Einer musste schließlich zum Essen einladen und einer musste Schimpfwortmeister sein. Alle waren ratlos.

Da gingen die beiden Bürgermeister – man konnte sie leicht an ihren langen weißen Bärten und ihren vielen polierten Orden erkennen – langsam aufeinander zu und trafen sich in der Mitte des Dorfplatzes. (...)

Nach einer schier unendlich langen Zeit riefen sie den Schiedsrichter zu sich, um ihm ihre Entscheidung mitzuteilen. Bernd Brötelbuck hörte geduldig zu und nickte dann. Er verkündete mit lauter Stimme: „Geschätzte Schimpfwortwettkämpfer, im Augenblick herrscht unentschieden. Aber es soll heute noch einen neuen Schimpfwortmeister geben. Alle Erwachsenen sind aber erschöpft und haben keine neuen Schimpfwort-Ideen mehr. Deshalb wird ein Kind aus jedem Dorf den Wettkampf fortsetzen." Ein „Oh!" und „Ah!" ging über den Dorfplatz und Legau war ganz aufgeregt. In Bregenbrett gab es ja nur vier Kinder. Und wenn man jetzt ausgerechnet ihn ausgewählt hatte? „Für Drögenbröt", fuhr Bernd Brötelbuck fort, „wird der Maulwurf-jagende, Sand-matschende Matthias antreten." Von ganz hinten hörte man ein „Juchhu!"
„... und für Bregenbrett tritt an der Apfelsaft-schlabbernde, Gummibärchen-in-Katzenfellklebende Legau!" Alle jubelten, nur Legau sagte: „Uff!"

Matthias aus Drögenbröt fing an:
„Du fuchs-gedackelte-Windhund-Schnepfe!" – Drögenbröt jubelte laut. Nun war Legau dran. Er war so nervös und es wurde immer schlimmer. Er brauchte etwas ganz, ganz Langes, damit Bregenbrett gewinnen konnte. „Legau, du bist dran", sagte der Bürgermeister.
„Du ... du ...", Legau fing vor Aufregung an zu schwitzen, „... du PUPS!"

Stille. Keiner jubelte. Das war ja nun auch ganz bestimmt kein langes Schimpfwort. Aber noch bevor Bernd Brötelbuck den Endstand verkünden konnte, sagte Legau schnell: „Du langer, stundenlanger Dauerpups, der auch morgen noch stinkt!"

Alle schauten nun Bernd Brötelbuck an. Der überlegte eine ganze Weile, schaute zu Drögenbröt, überlegte weiter, schaute zu Bregenbrett, überlegte noch einmal und alle warteten voller Spannung auf seine Entscheidung. Es war kein Mucks zu hören, außer dem Ticken der Kirchturmuhr. Dann sagte er:
„Liebe Schimpfwortwettkämpfer, ein ehrenvoller, harter und fairer Wettkampf liegt hinter euch. Jeder war es würdig, sein Dorf in diesem Wettkampf zu vertreten. Aber nur einer kann gewinnen, und der Verlierer muss sich im nächsten Jahr etwas mehr anstrengen. Dieses Jahr hatte das längste Schimpfwort, das auch morgen noch stinkt, und ist damit Schimpfwort meister: Bregenbrett!" (...)

2 **Überprüfe und besprich die Ergebnisse mit deinem Nachbarn.**

[1] Vollständige Geschichte ist zu finden unter http://www.axel-baumgart.de

Richtig schreiben: /ck/ – Einstieg

Im Deutschen haben wir Wörter, die mit „ck" geschrieben werden, obwohl wir nur ein „k" hören. Oft hilft es schon, jede Silbe des Wortes deutlich auszusprechen, also zu schwingen.

Beispiel: ***Brü - cke***

Es hört sich zwar wie Brü – ke an, wird aber – wegen des kurzen Umlauts (ü) – mit „ck" geschrieben ➡ Brücke.

Wenn wir das Wort schreiben, trennen wir das „ck" in der Regel nicht!

Tipp: Nach einem kurzen Vokal (a, e, i, o, u) oder Umlaut (ä, ü, ö) schreibst du das Wort mit „ck", nach einem langen Vokal nur mit einem „k".

Du kannst die Wörter auch in die Pluralform setzen oder die Verben und Adjektive verlängern, um die Endungen besser herauszuhören.

Beispiel: ***der Blick – die Blicke*** *oder* ***dick – dicke***

1 Schwinge folgende Wörter (siehe Beispiel im Kasten) und zeichne die Schwingbögen darunter.

a) S o c k e
b) S t r e c k e
c) b a c k e n
d) l e c k e r
e) W e c k e r
f) S c h n e c k e
g) s c h m ü c k e n
h) t r o c k e n
i) w a c k e l n
j) D e c k e
k) G u r k e
l) L u k e

Richtig schreiben: /ck/ I

1 Vervollständige die Wörter und entscheide, ob du sie mit „ck" oder „k" schreiben musst.

Beispiel: ***Blick, weil der Vokal kurz gesprochen wird.***

a) **D r e i e** ck , weil der Vokal kurz gesprochen wird.

b) **s t a r** k , weil durch die Verlängerung das „k" deutlich wird: Das starke Kind.

c) **G e s c h m a** ck , weil der Vokal kurz gesprochen wird.

d) **R u** ck **s a** ck, weil der Vokal kurz gesprochen wird.

e) **L a** ck , weil der Vokal kurz gesprochen wird.

f) **B a n** k , weil durch die Verlängerung (Bänke) das „k" deutlich wird.

g) **S t r e i** k, weil durch den Infinitiv (streiken) das „k" deutlich wird.

2 Such dir einige der oben stehenden Wörter aus und bilde fünf Sätze. Schreibe sie hier auf.

(Beispiele)

Das Dreieck hat drei Ecken.

Nach einem gesunden Frühstück fühle ich mich stark.

Der Zitronengeschmack ist sehr sauer.

Die Bank im Park ist mir zu hart.

Der Streik der Busfahrer ärgert viele Menschen.

Lösungen

Richtig schreiben: /ck/ II

1 **Löst gemeinsam das Kreuzworträtsel und findet das Lösungswort für die Schreibregel.**

1 S	C	H	N	E	C	K	E				
				2 S	P	U	C	K	E	N	
				3 S	T	R	E	C	K	E	
						4 Z	U	C	K	E	R
				5 S	P	E	C	K			
			6 S	C	H	M	E	C	K	E	N

Waagerecht:

1 Sie ist sehr langsam, manche haben ein Haus und sie kriecht.
2 Man sollte seinen Kaugummi nicht einfach auf den Boden …
3 Von München nach Hamburg ist es eine weite …
4 Er ist weiß oder braun und man kann Speisen damit süßen.
5 Mäuse essen ihn gerne, aber es ist kein Käse. Schmeckt auch gut zu Eiern.
6 Mit unserer Zunge können wir z. B. süß, sauer, salzig und bitter …

Senkrecht:

Nach kurzem Vokal schreibt man „ck".

Lösung: kurzem

2 **Setzt nun die Wörter richtig in die Geschichte ein.**

Von den Schnecken

Schnecken sind, wie ihr wisst, sehr gemütliche Tiere. Sie brauchen selbst für eine kurze Strecke eine lange Zeit. Für gewöhnlich essen sie vegetarisch, also Salat und anderes Grünzeug. Sie halten sich daher häufig in Gemüsebeeten auf, weil ihnen die verschiedenen Gemüsesorten so gut schmecken. Es gibt da allerdings einen Trick, wenn man selber auch noch etwas von seinem Salat haben möchte. Man stellt einfach ein Glas mit Zucker wasser in die Beete. Schnecken sind nämlich auch ganz süße Schleckermäuler. Übrigens, Speck ist nur etwas für Mäuse, den spucken die Schnecken aus.

Richtig schreiben: /ck/ III

1 **Finde passende Reimwörter und schreibe sie richtig auf.**

Schnecke Strecke, Zecke, Decke …
spucken gucken, schlucken, zucken …
Strecke Decke, Zecke, Hecke …
Zucker Drucker …
Speck Dreck, Reck …
schmecken necken, wecken, lecken …

2 **Kennst du noch weitere Wörter mit „ck"? Notiere sie.**

Sack, Pack, dreckig, wecken, recken, necken …

3 **Was ist richtig: „ck" oder „k"?**

a) He ck e
b) Dre ck
c) Sa ck
d) Ha k en
e) Lo ck en
f) La k en
g) We ck er
h) Beste ck
i) le ck er
j) sich rä k eln
k) E k el
l) Bä ck er
m) sich e k eln
n) schme ck en
o) ne ck en
p) Ste ck brief

Richtig schreiben: /tz/ – Einstieg

Im Deutschen haben wir Wörter, die mit „tz" geschrieben werden, obwohl wir nur ein „z" hören. Oft hilft es schon, jede Silbe des Wortes deutlich auszusprechen, also zu schwingen.

Beispiel: ***Tat - ze***

Tipp: Nach einem kurzen Vokal (a, e, i, o, u) oder Umlaut (ä, ü, ö) schreibst du das Wort mit „tz", nach einem langen Vokal nur mit einem „z".

1 **Schwinge folgende Wörter (siehe Beispiel im Kasten) und zeichne die Schwingbögen darunter.**

a) S p r i t z e

b) P f ü t z e

c) p u t z e n

d) L a n z e

e) G l a t z e

f) p e t z e n

g) K e r z e

h) K a t z e

i) W i t z e

j) S ä t z e

k) H i t z e

l) s c h w i t z e n

Richtig schreiben: /tz/ I

1 **Finde alle Wörter mit „tz" und male sie farbig an.**

A	F	R	A	T	Z	E	G	S	T
U	I	T	W	H	A	S	T	I	G
F	W	O	N	P	X	C	A	Q	U
S	I	T	Z	K	F	H	T	K	R
A	T	D	G	C	B	M	Z	N	Q
T	Z	W	D	G	B	U	E	M	Y
Z	I	C	K	I	G	T	F	P	S
X	C	V	B	N	M	Z	E	W	F
G	H	J	L	J	T	I	B	E	X
S	C	H	A	T	Z	G	T	Z	P

2 **Schreibe die Wörter auf und bilde Sätze.**

Aufsatz, Fratz, Witz, Sitz, schmutzig, Tatze, Schatz

(Beispiele)

Der Aufsatz ist mir gut gelungen.

Mein kleiner Bruder ist ein süßer Fratz.

Den Witz muss ich mir merken.

Der Sitz im Auto war dreckig.

Nach dem Spaziergang ist mein Hund immer sehr schmutzig.

Der Tiger hat eine große und mächtige Tatze.

Den Schatz möchte ich finden.

Lösungen

Richtig schreiben: /tz/ II

Da denkt man nun, man kann endlich richtig schreiben und dann kommt da schon wieder ein neues Problem! Oder ist das für euch vielleicht gar kein Problem?
Wir werden sehen …

1 **Löst gemeinsam das Kreuzworträtsel und findet das Lösungswort für die Schreibregel.**

				1 K	A	T	Z	E	
			2 M	U	E	T	Z	E	
			3 K	R	A	T	Z	E	N
	4 T	A	T	Z	E				
5 H	I	T	Z	E					
	6 S	C	H	M	A	T	Z	E	N

ü = ue

Waagerecht:
1 Sie hat vier Pfoten und schnurrt.
2 Man trägt es im Winter auf dem Kopf.
3 Katzen machen das mit ihren Krallen an Bäumen.
4 Ein anderes Wort für Pfote (etwas größer).
5 Im Sommer, wenn es sehr heiß ist, ist sie sehr groß.
6 Wenn es gut schmeckt und man den Mund beim Essen nicht schließt (sehr unhöflich).

Senkrecht:
1 Nach kurzem Vokal steht immer „tz".

Lösung: kurzem

2 **Setzt nun die Wörter von oben richtig in die Geschichte ein. Achtung! Ein Wort kommt hier gleich zweimal vor.**

Die kleine Nelly

Nelly schläft mit Vorliebe auf dem Sofa in der Sonne. Nelly ist nämlich eine Katze. Während sie so in der Sonne liegt, putzt sie sich gründlich, schleckt das Fell und die Tatzen. Wenn es ihr in der Sonnen hitze doch zu warm wird, wechselt sie zu ihrem Katzen baum, an dem sie genüsslich mit ihren Krallen kratzen kann. Natürlich schläft und putzt sich Nelly nicht nur. Sie spielt auch mit großer Begeisterung mit der alten Woll mütze ihrer „Mitbewohnerin". Die herausgezogenen Fäden sind so lustig. Ihre „Mitbewohnerin" füttert sie außerdem morgens und abends. Dass es Nelly schmeckt, hört man an ihrem lauten Schmatzen.

Richtig schreiben: /tz/ III

1 **Finde passende Reimwörter und schreibe sie richtig auf.**

Katze — Tatze, Fratze …
Mütze — Pfütze, Grütze, Stütze …
kratzen — schmatzen, patzen, Spatzen, Fratzen …
Tatze — Katze, Fratze …
Hitze — Sitze, Ritze, Witze …
schmatzen — Tatzen, Katzen …

2 **Kennst du noch weitere Wörter mit „tz"?
Notiere sie.**
putzen, Platz, platzen, kitzeln, kritzeln, witzeln, schnitzen, sitzen, Schnitzel …

3 **Was ist richtig: „tz" oder „z"?**

a) Wu tz — i) Wan z e
b) kur z — j) tan z en
c) Schmu tz — k) Ran z en
d) pu tz en — l) faulen z en
e) Wi tz — m) spri tz en
f) Hol z — n) Ri tz e
g) Si tz — o) pur z eln
h) stol z

Märchen – Einstieg

Märchen sind frei erfundene Erzählungen, die bestimmte Merkmale aufweisen.

Es gibt:

- verschiedene Personen, wie beispielsweise den Prinzen, den König, die Prinzessin, das arme Mädchen …
- einen typischen Märchenanfang „Es war einmal …“ und ein typisches Märchenende „Und wenn sie nicht gestorben sind, dann leben sie noch heute“.
- eine Heldin / einen Helden, die / der eine Aufgabe oder ein Problem zu lösen hat.
- einen Bösewicht (Hexe, böser König, böse Stiefmutter), der die guten Personen gefährden oder gar töten möchte.
- Dinge oder Tiere, die sprechen können.
- typische Märchenzahlen (3 kleine Schweinchen, 7 Zwerge, 13 als Unglückszahl …).
- menschliche Eigenschaften, die Gegensätze darstellen (armes Mädchen – reicher Prinz, gute Zwerge – böse Stiefmutter).

1 Finde die Namen der Märchen, indem du verbindest. Kennst du die Märchen? Erzählt sie euch in der Klasse.

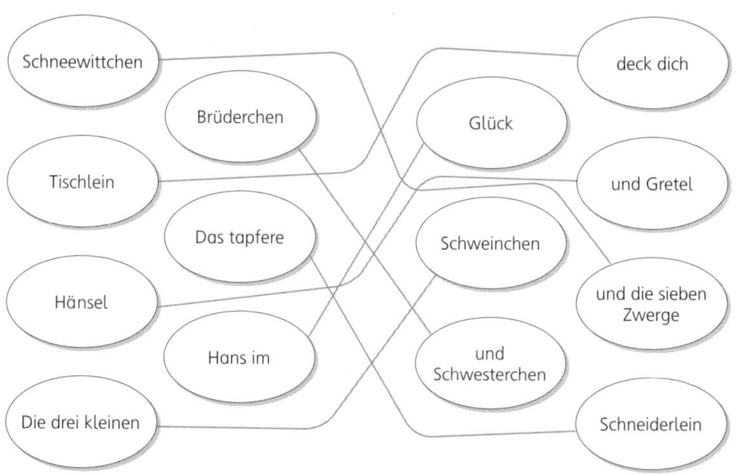

Märchen I

1 Finde alle Figuren und Gegenstände, die im Märchen vorkommen können.

K	Ö	N	I	G	U	D	K	K	H
W	S	Z	A	G	H	J	L	U	E
Z	A	U	B	E	R	E	R	G	X
H	S	P	I	E	G	E	L	E	E
P	R	N	H	S	D	G	Z	L	O
R	S	F	R	O	S	C	H	J	Z
I	F	B	T	S	X	N	M	L	W
N	D	Z	W	E	R	G	O	K	O
Z	Y	H	K	I	H	W	X	C	L
E	G	E	I	ß	L	E	I	N	F

2 Schreibe die Wörter auf. Suche dir fünf dieser Wörter aus und bilde drei Sätze.

König, Hexe, Kugel, Zauberer, Spiegel, Prinz, Frosch, Zwerg, Geißlein, Wolf

(Beispiele)

Der Zauberer und der König wollten der Hexe einen Streich spielen.

Dazu versteckten sie ihren Spiegel im Froschteich. Die Hexe suchte und suchte und fragte schließlich den Zwerg um Rat.

3 Sieh dir die Eigenschaften an und bilde Gegensätze.

Beispiel: ***groß – klein***

a) alt – jung **b) arm –** reich **c) klug –** dumm

d) hübsch – hässlich **e) gut –** böse **f) faul –** fleißig

Märchen II

Der süße Brei

Das Mädchen war schon den ganzen Tag umher gelaufen und hatte nur ein halbes Körbchen voll Beeren gefunden. Die Dämmerung trat schon bald ein und es würde heimgehen und der Mutter nicht mehr bringen, als was es hatte sammeln können. Es wurde ganz traurig, wenn es schon an die Mutter dachte. 2

„Mein Kind," sagte die Alte, „sprich zu dem Töpfchen ‚Töpfchen, koche!'. Und wenn es aufhören soll, sprich zu ihm ‚Töpfchen, steh!'. Dann wirst du und deine Mutter ausgesorgt haben.". – Das Mädchen nahm den Topf, stellte das Körbchen hinein, bedankte sich artig und konnte ihr Glück nicht fassen. So dankbar war es für die Hilfe, die ihm so ohne Falschheit zugekommen war. Es eilte nach Hause zur Mutter und reichte ihr die Gaben. Immer wenn sie Hunger hatten, sprach das Mädchen „Töpfchen, koche!" und wenn genug da war, sprach es „Töpfchen, steh!". Sie hatten keine Sorge mehr, konnten alle Nachbarn einladen und niemand in dem Dorfe musste mehr des Hungers leiden. 4

Es war einmal ein herzensgutes Mädchen, das wohnte mit seiner Mutter in einem armseligen kleinen Häuschen mit einem Raum und einem Dachbett. Sie hatten weder Gut noch Geld und auch das Essen war knapp und niemand war da, der ihnen half. Vor Kummer schickte die Mutter ihr Kind mit einem kleinen Körblein hinaus in den Wald. Es sollte sehen, was doch die Natur ihm würde schenken können. 1

Eines Tages war das Mädchen wieder ausgegangen, um noch ein paar Beeren zu pflücken, denn süßer Brei und Beeren wurden fortan ihre Leibspeise. Die Mutter wollte das Töchterchen überraschen und das Essen schon bereit haben, wenn es zurückkäme. So sprach sie „Töpfchen, koche!" und der Topf füllte sich mit Milch und füllte sich mit Zucker und mit Grieß und kochte auf. Er war zur Hälfte voll, da dachte sich die Mutter, dass es ausreiche und machte sich auf, das Kochen zu beenden. Doch ach, ihr fiel das Wort nicht ein. Das Wort, welches dem Topf Einhalt geben würde. Schon war der Topf dreiviertels voll und die Mutter grübelte und grübelte, lief im Raum umher und suchte das Wort. 5

Der Topf quoll über, der Brei bedeckte schon den Tisch und lief das Tischbein hinab, benetzte den Boden, lief zum Haus hinaus und auf die Straße. Er drängte sich an andere Häuser heran und füllte das ganze Dorf mit Brei, bis über den Kopf hoch. Als das Töchterchen zurückkam, sprach sie rasch „Töpfchen, steh!" und schon war dem Kochen ein Ende gesetzt. Wer aber künftig in das Dorf wollte, hatte noch lange damit zu tun, sich hindurch zu essen. 6

Doch wie das Kind sich auf den Heimweg machte, begegnete ihm eine alte Frau, die wusste schon um seinen Kummer. Die Alte schmunzelte es an mit warmem Blick und sprach zu ihm, es möge einmal zu ihr kommen. Das Mädchen trat zu ihr und sah die Alte mit großen, scheuen, ehrlichen Augen an. Der Frau begegneten in diesem Blick die Sterne des Himmels. Und über die Freude an diesem klaren und lieben Wesen schenkte sie ihm einen Topf. 3

Quelle: http://www.maerchen.info/brueder-grimm-maerchen/der-suesse-brei, zuletzt aufgerufen am 14.04.2016

Märchen III

1 **Denke dir drei Märchenfiguren aus und überlege, an welchem Ort dein Märchen spielen soll (im Wald, im Schloss, ...).**

Folgende Figuren habe ich mir ausgesucht: ______

(Beispiel) Prinzessin, Hexe und Prinz

An diesem Ort soll mein Märchen spielen: ______

2 **Welche Aufgabe oder welches Problem muss gelöst werden?**

Meine ausgedachte Aufgabe / mein ausgesuchtes Problem: ______

(Beispiel) Die Prinzessin wird von einer bösen Hexe gefangen gehalten.

3 **Wie wird das Problem oder die Aufgabe gelöst (Zauberspruch, Kampf, ...)?**

Das Problem / die Aufgabe soll so gelöst werden: ______

(Beispiel) Durch einen Kampf zwischen dem Prinzen und der bösen Hexe wird die Prinzessin befreit.

4 **Schreibe dein Märchen mit passender Überschrift in dein Heft.**

Individuelle Lösung

5 **Male ein Bild zu deinem Märchen in die Schriftrolle.**

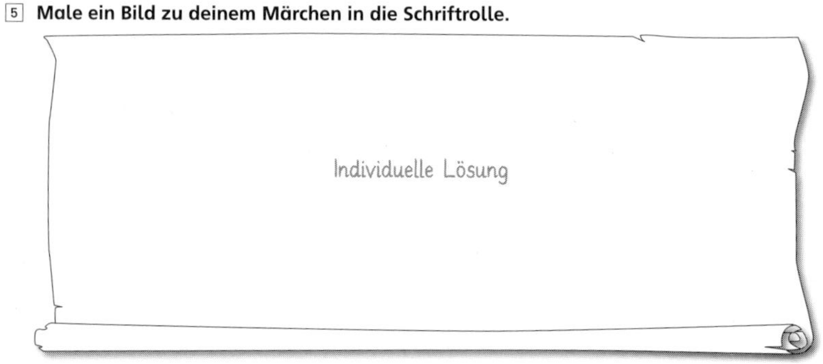

Bildergeschichten erzählen – Einstieg

Bilder, die in der richtigen Reihenfolge eine Geschichte erzählen, nennt man Bildergeschichte. Zu den einzelnen Bildern können wir dann eine Geschichte in Textform schreiben.

Bei Bildergeschichten solltest du Folgendes beachten:

- Schaue dir die Bilder in der richtigen Reihenfolge an. Was erzählen sie dir?
- Wer sind die Personen und wie könnten sie heißen?
- Was tun die Personen auf den einzelnen Bildern?
- Schau genau auf die Gesichtsausdrücke der beteiligten Personen und überlege dir, welche Gefühle die Personen haben.
- Beschreibe jedes Bild mit den wichtigsten Informationen.
- Damit deine Bildergeschichte lebendig wird, benutze die wörtliche Rede und viele Adjektive.

Tipp: Notiere dir kurz, was die Personen machen. Danach fällt dir das Schreiben leichter.

1 Schau dir die beiden Bilder genau an und beantworte die folgenden Fragen.

a) Welche Personen siehst du auf den Bildern? Gib ihnen Namen!

Auf den Bildern sieht man Mutter, Vater, Tochter und Sohn.

Mögliche Namen: Mama (Anja), Papa (Heinz), Tochter (Annika), Sohn (Tim)

b) Was tun sie auf den Bildern?

Erstes Bild: Annika und Tim liegen bereits in ihrem Hochbett. Ihre Eltern stehen mit ihren Jacken in der Tür und winken ihnen zum Abschied zu.

Zweites Bild: Tim und Annika hören durch die geöffnete Tür laute Musik. Sie bekommen Angst.

Bildergeschichten erzählen I

1 Schaut euch die Bilder einmal genau an.
Sie erzählen eine Geschichte ohne Worte.

Welche Geschichte wird hier erzählt?

2 Notiert fünf W-Fragewörter, die helfen, eine gute Geschichte zu schreiben.

- *Wer?*
- Was?
- Wo?
- Wann?
- Wie? *(Adjektive)*

3 a) Sammelt zunächst zu jedem Bild und den „Zwischenräumen" Ideen zu diesen W-Fragewörtern. Notiert sie an der Tafel.

b) Ergänzt außerdem weitere Nomen, Verben und vor allem Adjektive, die euch zu jedem Bild und Zwischenraum einfallen.

4 Beschreibt nun mündlich das erste Bild der Geschichte.
Benutzt eure Ideen, die ihr an der Tafel gesammelt habt.

Individuelle Überschrift

Es war ein kalter und klarer Wintertag. Lucy langweilte sich schrecklich und sah fern. Es lief ein Bericht über Eiskunstlaufen. Da kam ihr plötzlich eine Idee: Sie holte ihre Schlittschuhe aus dem Keller, zog sich warm an und lief zum Ententeich …

Bildergeschichten erzählen II

1 Schreibe zu den drei Bildern eine Geschichte und finde eine passende Überschrift.

Individuelle Lösung

Bildergeschichten erzählen III

1 Ups, hier ist die Bildergeschichte etwas durcheinander geraten. Nummeriere die einzelnen Bilder in der richtigen Reihenfolge.

2 Schreibe nun zu diesen Bildern deine Bildergeschichte. Achte dabei auf die typischen Kriterien und gib deiner Geschichte eine passende Überschrift.

Individuelle Lösung

Wegbeschreibung – Einstieg

Es ist wichtig, einen Weg richtig beschreiben zu können. So kannst du jemandem helfen, an einen bestimmten Ort zu kommen oder dir kann jemand erklären, wie du selbst zu einem gewünschten Ort kommst.

Damit du so genau wie möglich den Weg beschreiben kannst, sag, was links oder rechts, vor oder hinter beziehungsweise neben der Person zu sehen ist.

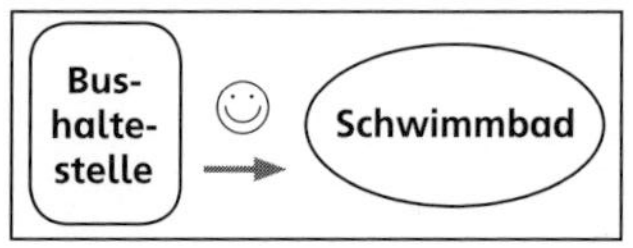

Der Pfeil gibt dir deine Lauf- und Blickrichtung an.
Beispiel: ***Vor der Person ist ein Schwimmbad zu sehen. Hinter der Person befindet sich eine Bushaltestelle.***

Tipp: Achte bei deiner Wegbeschreibung darauf, dass du dich in gleicher Blickrichtung befindest wie die Person, der du den Weg beschreibst.

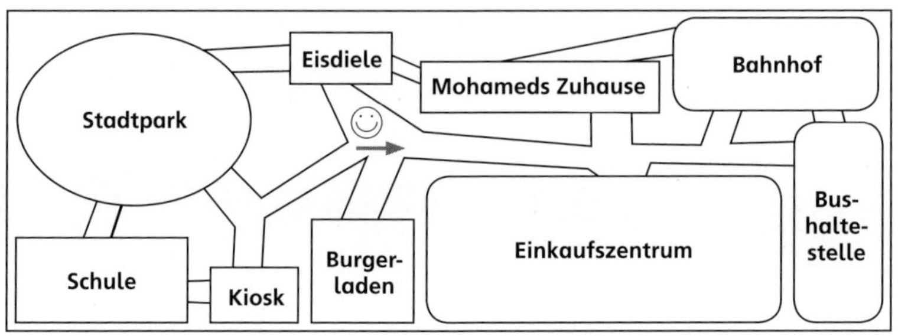

1 **Beschreibe, welche Gebäude du vor, hinter, links und rechts neben dir siehst. Der Pfeil zeigt dir an, in welche Richtung du gehst.**

Vor: Einkaufszentrum, Mohameds Zuhause, Bahnhof, Bushaltestelle

Hinter: Stadtpark, Schule, Kiosk

Links: Eisdiele

Rechts: Burgerladen

Wegbeschreibung I

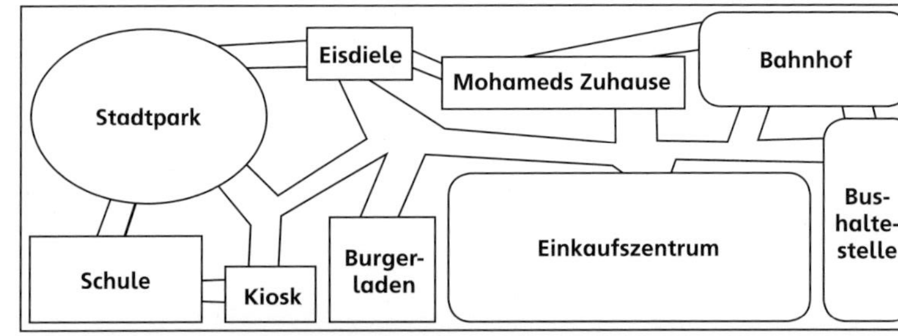

1 **Beschreibe, wie du von Mohameds Zuhause zum Kiosk findest. Denke daran zu erwähnen, was links, rechts, neben und hinter dir zu sehen ist.**

Lehrerhinweis: Hier sind mehrere Lösungsansätze möglich. Man sollte jedoch auf eine klare Formulierung und deutliche Anweisungen seitens der Schüler und Schülerinnen achten.

(Beispiel)

Ich stehe zwischen dem Einkaufszentrum und Mohameds Zuhause. Dieses ist rechts neben mir, das Einkaufszentrum liegt an meiner linken Seite. Vor mir in etwas weiterer Entfernung ist der Stadtpark. Ich laufe erst einmal in diese Richtung und befinde mich jetzt an der Kreuzung zwischen der Eisdiele und dem Burgerladen. Die Eisdiele liegt rechts, der Burgerladen links neben mir. Ich gehe nicht in die Straße des Burgerladens, sondern laufe die Straße weiter entlang. Dabei komme ich dem Stadtpark immer näher. An der nächsten Kreuzung stehe ich zwischen dem Kiosk und dem Stadtpark. Der Kiosk liegt nun direkt vor mir und der Stadtpark hinter mir.

2 **Wo befindest du dich auf dem Plan und wohin gehst du? Verfasse selbst eine Wegbeschreibung, ohne dein genaues Ziel zu nennen. Deine Klasse soll später erraten, an welchem Ort du angekommen bist.**

Individuelle Lösung

Lösungen

Wegbeschreibung II

Wo geht es denn zum Bahnhof?

Euch ist es doch sicher auch schon einmal passiert, dass ihr mit einem Freund oder einer Freundin in deiner Heimatstadt unterwegs wart und eine ortsfremde Person euch nach dem Weg gefragt hat, z. B. nach dem Weg zum Bahnhof, zur Post oder nach dem Weg zu einer bestimmten Straße.

1 **Überlegt gemeinsam, welche wichtigen Orte es in eurer Stadt / in eurem Heimatort gibt. Wisst ihr, wo sie sich befinden?**
Macht eine Stichwortliste.

(Zum Beispiel)

Supermarkt, Post, Kindergarten, Schule, Bank/Sparkasse, Schwimmbad, Schule, Spielplatz, Sportplatz, Rathaus etc.

Jetzt habt ihr zwar schon eine Liste wichtiger Orte, nach denen jemand fragen könnte, aber könntet ihr denn den Weg auch tatsächlich so beschreiben, dass die Person den Ort findet?

2 **Schaut euch den Ausschnitt der Straßenkarte an (er ist stark vergrößert). Erstellt gemeinsam ein Cluster oder eine Liste mit wichtigen Begriffen zum Wortfeld „Wegbeschreibungen".**

- an der Kreuzung
- vor/nach dem Zebrastreifen
- an der (1., 2., 3.) Ampel
- an der Ecke
- hinter dem Kiosk
- nach der Bank
- nach links
- nach rechts
- geradeaus
- einbiegen
- abbiegen
- in die ...straße
- zuerst, dann ...

3 **Beschreibt den Weg vom Spielplatz zum Kiosk.**

Achtung! Wegen einer Baustelle sind die Juni- und die Simonstraße leider gesperrt.

Lehrerhinweis: Hier sind mehrere Lösungsansätze möglich. Man sollte jedoch auf eine klare Formulierung und deutliche Anweisungen seitens der Schüler und Schülerinnen achten.

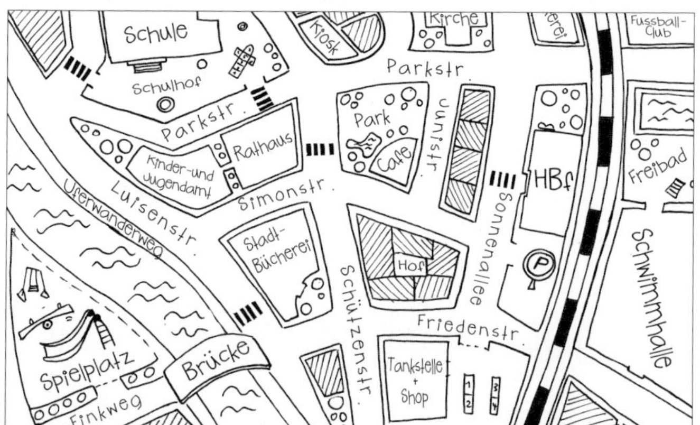

Wegbeschreibung III

1 a) **Schau dir die Karte unten an.**
b) **Beschreibe zwei Wege von einem Ort zum anderen. Verrate jedoch niemandem dein Ziel. Du musst mindestens vier Straßen benutzen.**
c) **Denkst du, du hast den Weg genau beschrieben? Überprüfe das mit mindestens zwei Nachbarn.**

Lehrerhinweis: Es ist auch möglich, einige Schüler/-innen laut vorlesen zu lassen und den Rest der Klasse den Weg verfolgen zu lassen. Somit kann man die Ergebnisse einzelner Schüler/-innen würdigen und ggf. korrigieren.

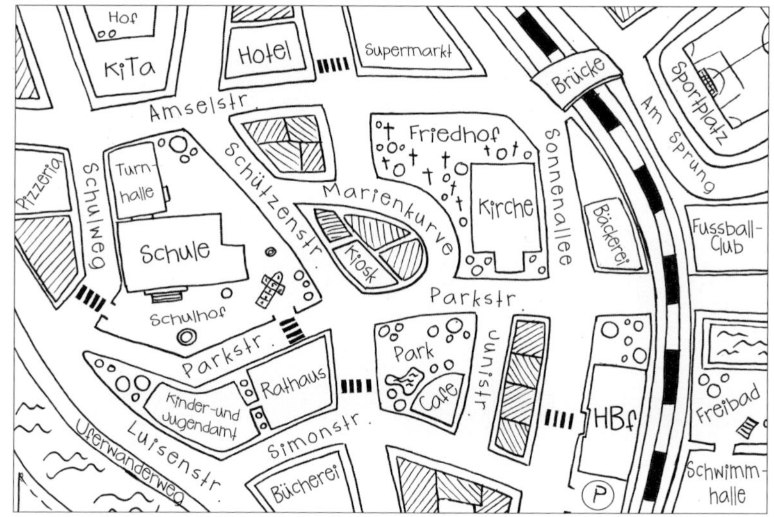

2 **Jetzt lesen dir deine Nachbarin/dein Nachbar eine Wegbeschreibung vor und du folgst mit dem Finger.**
Hat sie/er alles richtig beschrieben? Bist du am richtigen Ort angekommen?

Satzglieder: Subjekt – Prädikat – Objekt – Einstieg

Satzglieder sind Teile eines Satzes.

Hängt man verschiedene Satzglieder in passender Reihenfolge aneinander, so entsteht ein Satz.

Die wichtigsten Satzglieder heißen:

- **Subjekt – Man fragt: Wer? oder Was?**
- **Prädikat – Man fragt: Was tut das Subjekt?**
- **Objekt – Wir unterscheiden verschiedene Objekte:**
  - **Genitivobjekt – Man fragt: Wessen?**
  - **Dativobjekt – Man fragt: Wem?**
  - **Akkusativobjekt – Man fragt: Wen? oder Was?**

Um herauszufinden, welche Wörter gemeinsam zu einem Satzglied gehören, musst du den Satz mehrmals umstellen, ohne seinen Sinn zu verändern. Du machst die sogenannte Umstellprobe.

Beispiel: ***Mein Hund Snoopy läuft gerne im Wald.***

Umstellprobe:

1. Im Wald läuft gerne mein Hund Snoopy.
2. Gerne läuft mein Hund Snoopy im Wald.
3. Läuft mein Hund Snoopy gerne im Wald?

Die Umstellprobe zeigt uns also, welche Wörter wir nicht voneinander trennen können. Folgende Wörter gehören zusammen:

Im Wald	**läuft**	**gerne**	**mein Hund Snoopy.**
	Prädikat		*Subjekt*

Fragen nach den Satzgliedern:

Subjekt:	**Wer oder Was läuft gerne im Wald?**	**Mein Hund Snoopy**
Prädikat:	**Was tut mein Hund Snoopy gerne im Wald?**	**Laufen**

1 **Frage nach dem Subjekt und dem Prädikat.**

a) Snoopy schläft. **b) Lucky frisst oft Knochen.**

a)	**Subjekt:**	Wer schläft?	Snoopy
	Prädikat:	Was macht Snoopy?	Schlafen
b)	**Subjekt:**	Wer oder was frisst oft Knochen?	Lucky
	Prädikat:	Was macht Lucky oft mit Knochen?	Fressen

Satzglieder: Subjekt – Prädikat – Objekt I

Ein Satz ist ein Satz, ist ein Satz …
Satz ist gleich Satz, glaubt man, aber ist das wirklich so?

1 **Lest die Geschichte.**

Mein Urgroßvater und ich
von James Krüss

„In der deutschen Sprache ist das Dichten ein bisschen leichter als in anderen Sprachen!", sagte mein Urgroßvater. „Wieso?", fragte die Ober-Großmutter (Sie hieß so, weil sie im Oberland wohnte). „Weil man im Deutschen die Wörter dauernd umstellen kann."

„Verstehe ich nicht", brummte die Ober-Großmutter.

„Dann wollen wir es mal ausprobieren, Margaretha! Nehmen wir zum Beispiel den Satz: Erbsensuppe ist ein nahrhaftes Essen für die Familie!"

„Ein sehr wahrer Satz!", sagte die Ober-Großmutter und sah mich schräg von der Seite an. Da aß ich schnell mit Schlucken und Drucken drei Löffel Suppe.

Mein Urgroßvater aber sagte: „Wir wollen den Satz verändern, indem wir die Wörter umstellen. Versuch es mal, Boy!" …

2 **Stellt den Satz mehrfach um. Notiert die Möglichkeiten.**

„Erbsensuppe ist ein nahrhaftes Essen für die Familie."

Erbsensuppe ist ein nahrhaftes Essen für die Familie.
Für die Familie ist Erbsensuppe ein nahrhaftes Essen.
Ein nahrhaftes Essen für die Familie ist Erbsensuppe.
Ist Erbsensuppe ein nahrhaftes Essen für die Familie?

Fortsetzung:

… „Gott sei Dank, jetzt ist die Erbsensuppe vergessen", dachte sich Boy und sagte dem Urgroßvater seinen Satz zum Umstellen:

„Morgen Abend essen wir endlich die leckeren Pfannkuchen."

3 **Stellt auch diesen Satz so oft es geht um.**

Morgen Abend essen wir endlich die leckeren Pfannkuchen.
Die leckeren Pfannkuchen essen wir endlich morgen Abend.
Endlich essen wir die leckeren Pfannkuchen morgen Abend.
Wir essen morgen Abend endlich die leckeren Pfannkuchen.
Essen wir morgen Abend endlich die leckeren Pfannkuchen?
Essen wir die leckeren Pfannkuchen endlich morgen Abend?

Satzglieder: Subjekt – Prädikat – Objekt II

1 **Bilde aus den Wörtern jeweils einen Satz und schreibe ihn auf. Trenne die Satzglieder mit einem Schrägstrich voneinander ab.**

a)

Paul Sport jeden Tag macht

Paul / macht / jeden Tag / Sport.

b)

Lejla gerne gemeinsam und
gehen Rudi Kino ins

Lejla und Rudi / gehen / gerne / gemeinsam / ins Kino.

c)

Vater jeden mir Nachthimmel
Sonntag erklärt unseren mein

Mein Vater / erklärt / mir / jeden Sonntag / unseren Nachthimmel.

Satzglieder: Subjekt – Prädikat – Objekt III

1 **Mit welchem Fragewort kann man die einzelnen Satzteile erfragen?**
„Morgen Abend essen wir endlich die leckeren Pfannkuchen."

(1) Frage: Wer?/Was? isst morgen Abend endlich die leckeren Pfannkuchen?
Antwort: Wir.
(2) Frage: Wen?/Was? essen wir morgen Abend endlich?
Antwort: Die leckeren Pfannkuchen.
(3) Frage: Was machen? wir morgen Abend endlich?
Antwort: Essen.

Merke	
Frage	**Satzglied**
Wer/Was?	Subjekt
Was machen?	Prädikat
Wem?	Dativobjekt
Wen/Was?	Akkusativobjekt

2 **a) Stelle die folgenden Sätze jeweils zweimal um und ermittle dadurch die Satzglieder.**

(1) Am liebsten spielt meine Schwester mittags mit ihrer Puppe.
Mit ihrer Puppe spielt meine Schwester mittags am liebsten.
(2) Mit Robin laufe ich nach der Schule immer nach Hause.
Laufe ich mit Robin nach der Schule immer nach Hause?
(3) Im Supermarkt sehen wir manchmal die alte Dame von nebenan.
Die alte Dame von nebenan sehen wir manchmal im Supermarkt.
(4) Beim Spielen fanden Jan und ich gestern einen alten Aktenkoffer.
Einen alten Aktenkoffer fanden Jan und ich gestern beim Spielen.

b) Schreibe die Sätze in dein Heft.

c) Übertrage die Tabelle im Querformat in dein Heft.
Trage die Satzglieder dann in die Tabelle ein.

Satzglieder	(1)	(2)	(3)	(4)
Subjekt (Wer/Was?)	Meine Schwester	ich	wir	Jan und ich
Prädikat (Was machen?)	spielt	laufe	sehen	fanden
Dativobjekt (Wem?)	mit ihrer Puppe	mit Robin		
Akkusativobjekt (Wen/Was?)			die alte Dame von nebenan	einen alten Aktenkoffer

Quellenverzeichnis

Illustrationen:

Kopfzeilenpiktogramme: Satzpunkt Ursula Ewert GmbH

S. 5: springender Junge: Roman Lechner

S. 22: Schwimmbad: Nataly Meenen

S. 37: Bildergeschichte © Uli Römer

weitere Illustrationen: Julia Flasche

Textquellen:

S. 4: Manfred Kyber (1880–1933): Die Maulwürfe und der Grashüpfer http://gutenberg.spiegel.de/buch/balduin-brummsel-und-andere-tiergeschichten-5505/13 (leicht abgeändert; zuletzt aufgerufen am 08.08.2016)

S. 23/24: © Axel Baumgart, 25.7.2004: Der Schimpfwortwettbewerb. Vollständige Geschichte ist zu finden unter http://www.axel-baumgart.de

S. 35: Brüder Grimm: Der süße Brei http://www.maerchen.info/brueder-grimm-maerchen/der-suesse-brei (zuletzt aufgerufen am 14.04.2016)

S. 46: Textauszug von James Krüss aus „Mein Urgroßvater und ich“ © Verlag Friedrich Oetinger, Hamburg 1959